كمال اليوغا

المجتمع العالمي لِوعْي كرْشْنَ
أتْشاريا - مُؤسِّس نِعْمتِهِ الإلهِيَّةِ
أ.س. بْهَكْتي ڤيدَنْتَ سْوامي پْرَبْهوپادَ

THE BHAKTIVEDANTA BOOK TRUST

Perfection of Yoga (Arabic)

لمزيد من المعلومات على موضوع هذا الكتاب هناك قائمة للموضيع الأخرى
بالعربية أرجوكم للإتصال بالسكرتير بهاكتي فيدنتا بوك ترسة

BBT Far East • Middle East
c/o P.O. Box 34074, Los Angeles, CA 90034, USA
Phone: +1–800–927–4152 • Fax: +1–310–837–1056
E-mail: info@bbtfeme.com

www.bbtfeme.com
www.krishna.com

Printed in the United States of America

ISBN 0-89213-485-2

المحتويات

الفصل الأول: اليوغا المر فوضة من قبل أرْجونَ

قد كانَ هناكَ العديدُ من أنظمة اليوغا المنتشرة في العالم الغربي، لاسيّما في هذا القرن، ولكن لم تكن أيٌّ منها في الواقع تعلّم كمال اليوغا. في الْبْهَغَفَدْ غِيتا، شْريّ كِرْشْنَ، الشخصية الربوية العليا الأسمى، يعلم أرْجونَ مباشرةً كمال اليوغا. إذا كنا نريد فعلاً المشاركة في نظام كمال اليوغا، في الْبْهَغَفَدْ غِيتا سنجد بيانات موثوقة من الشخص الأسمى.

وما هو حتماً رائع، هو أنَّ كمال اليوغا عُلِّمت في وسط ساحة المعركة. وعُلِّمت لأرْجونَ المحارب، مباشرةً قبل مشاركته في معركة بين الأشقّاء. من عاطفته، أرْجونَ كانَ يفكّر. " لماذا يجب أن أقاتل ضدَّ أقربائي؟" كانَ التّوهم سبب تردد أرْجونَ للمحاربة، وللقضاء فقط على هذا التّوهم، شْريّ كِرْشْنَ تكلّم الْبْهَغَفَدْ غِيتا له. يمكن للمرء أن يتصور فقط مدى الوقت القليل الذي إنقضى بينما كانَ يجري التحدث عن الْبْهَغَفَدْ غِيتا. كانَ المحاربون مستعدينَ، من كلا الجانبين للقتال، لذلكَ كان هناك حقاً القليل جداً من الوقت -في أقصى حد، ساعة واحدة، من خلال هذه الساعة الواحدة، تمَّ مناقشة الْبْهَغَفَدْ غِيتا بالكامل، وشْريّ كِرْشْنَ قدَّمَ كمال جميع أنظمة اليوغا لصديقه أرْجونَ. في نهاية هذا

الحديث العظيم، أرْجونَ وضع جانباً شكوكه وحاربَ.

ومع ذلكَ، في الحديث، عندما سمعَ أرْجونَ تفسير النظام التأملي لليوغا كيفية الجلوس، وكيفية إبقاء الجسم مستَقيماً، كيفية الحفاظ على العيون نصف مغلقة، وكيفية النظر إلى طرف الأنف دونَ أن يتحوّل إنتباه المرء، بينما كانَ كل هذا يجري في مكان منعزل، وحده _ أجابَ:

يُّو 'يامْ يُّوغزْ تْڤَيا پْروكْتَه
سامْيينَ مَدْهوسوَدَنَ
اِتَسْيَاهَمْ نَ پَشْيَامي
شَنْشَلَتْڤات سْتْهيتيمْ سْتْهيرامْ

هذا مهم. يجب علينا دائماً أن نتذكّر أننا في ظروفٍ مادية، حيث في كل لحظة أذهاننا تخضع للإنفعالات. في الواقع نحن لسنا في وضعٍ مريح جداً. نحن نفكّر دائماً، من خلال تغيير وضعنا بأننا سنتغلّب على إنفعالاتنا العقلية، ونفكر دائماً أننا عندما نصل إلى نقطة معينة، كل هذه الإنفعالات العقلية سوف تختفي. ولكن طبيعة العالم المادي أنه لا يمكننا أن نكون متحررينَ منَ القلق. ورطتنا هي أننا نحاول دائماً تقديم الحل لِمشاكِلنا. ولكن هذا الكون صُممَ حتى لا تأتي هذه الحلول أبداً.

لعدم كونه غشاشاً، وكونه صريحاً كثيراً ومنفتحاً، أرْجونَ يقول لِكرِشْنَ أنّ نظام اليوغا الذي وصفه غير ممكن بالنسبة له تنفيذه. في التحدّث إلى كرِشْنَ من المهم أنّ أرْجونَ يخاطبه كأنه مَدْهوسوَدَنَ، مشيراً أن الرب هو قاتل الشيطان مَدْهو. ومن الجدير بالذكر أنّ اسماء الله لا تعدّ ولا تحصى. لأنّهُ غالباً ما يُسمّى وفقاً لأنّشطته. فبالتأكيد الرب لديه أسماء لا تعدّ ولا تحصى لأنّ أنّشطته لا تعدّ ولا تحصى نحن فقط أجزاء منَ

الله، ونحن لا يمكننا حتى أنّ نتذكر عدد الأنّشطة التي شاركنا فيها من طفولتنا حتى الآن. الله الأبدي هو غير محدود، وحيث أنّ أنشطته غير محدودة، له أسماء غير محدودة، منها كْرِشْنَ هو الرئيس. عندئذٍ لماذا أرْجونَ خاطبه بصفته مَدْهوسوَدَنَ، في حين كونه صديق كْرِشْنَ كانَ يمكنه مخاطبته مباشرةً بصفته كْرِشْنَ؟ والجواب هو أنّ أرْجونَ يعتبرُ بأنّ عقله مثل الشيطان العظيم مَدْهو. إذا كانَ ممكناً لكْرِشْنَ أن يقتلَ الشيطان المسمّى العقل عندها أرْجونَ سيكون قادراً على بلوغ كمال اليوغا. " عقلي هو أقوى بكثير من هذا الشيطان مَدْهو" يقولُ أرْجونَ " من فضلك إذا كانَ بإمكانك قتله، عندها سيكون بإمكاني تنفيذ نظام اليوغا هذا ". حتى عقل إمرىءٍ عظيم كأرْجونَ هو دائماً منفعل. كما يقول أرْجونَ بنفسه يقول:

شَنْشَلَمْ هِي مَنه كْرِشْنَ
پْرماتْهي بَلَقَدْ دْرِذْهَمْ
تَسْيَاهَمْ نيغْرَهَمْ مَنْيى
ڤايُّورْ إِڤَ سودوشْكَرَمْ

إنهُ واقع بالفعل أنّ العقل يقول لنا دائماً إذهب هنا، أو هناك، إفعل هذا، إفعل ذاك --يقول لنا دائماً أي طريق يجب أن نأخذ. وبالتالي مجموع وجوهر نظام اليوغا هو للسيطرة على العقل المنفعل.

في نظام اليوغا التأملية يتمّ التحكم بالعقل من خلال التركيز على الروح العظمى -- هذا هو الهدف الكامل لليوغا. ولكن أرْجونَ يقول إنّ التحكم بهذا العقل هو أكثر صعوبة من إيقاف الريح من أن تهبّ. يمكن للمرء أن يتصوّر رجلاً يمدّ ذراعيه في محاولةٍ لوقف الإعصار. هل لنا أن نفترض أنّ أرْجونَ ببساطة غير مؤهلٍ بما فيه الكفاية للسيطرة على عقله؟

الحقيقة الفعلية هي أننا لا نستطيع أن نبدأ في فهم مؤهلات أرْجونَ الهائلة. بعد كل شيء، كان صديقاً شخصياً لشخصية الرب الأسمى. هذا موقف مرتفع للغاية ولا يمكن للمرء بلوغهُ دونَ مؤهلات عظيمة. وبالإضافة إلى هذا، كان أرْجونَ مشهوراً كمحارب عظيم ورجل إدارة. وكان رجلاً ذكياً جداً حتى تمكّن من فهم البْهَغَفَدْ غيتا خلال ساعة، بينما في الوقت الراهن، كبار العلماء لا يمكنهم فهمها، حتى في سياق حياتهم كلها. ومع ذلكَ كان أرْجونَ يفكر أن السيطرة على العقل كان ببساطة أمراً مستحيلاً لهُ. عندئذٍ أيمكننا أن نفترض أنّ ما كان مستحيلاً بالنسبة لِأرْجونَ، في سنّ أكثر تقدماً، هو أمر ممكن لنا في هذا العصر المتدهور؟ لا ينبغي لنا أن نفكّر حتى ولو لِلحظة، أننا في فئة أرْجونَ. نحن ألف مرة أدنى.

وعلاوة على ذلكَ، لا يوجد أي سجل لأرْجونَ بعد أن نفّذ نظام اليوغا في أي وقت. ومع ذلكَ كانَ كرِشْنَ أشاد بأرْجونَ بأعتباره الرجل الوحيد الذي يستحق فهم البْهَغَفَدْ غيتا. ما كانت المؤهلات العظيمة لأرْجونَ؟ يقول الرب كرِشْنَ، " أنتَ مكرسي أنتَ صديقي العزيز جداً ". رغم هذه المؤهلات، رفضَ أرْجونَ تنفيذ نظام اليوغا التأملية التي وصفها الرب كرِشْنَ. ما الذي يمكننا أن نستنتجه؟ هل علينا أنّ نيأس منَ التحكّم في عقلنا أبداً؟ لا، بل من الممكن السيطرة عليه، والعملية هي وعي كرِشْنَ. العقل يجب دائماً أن يكون ثابتاً على كرِشْنَ. بقدر ما يستوعب العقل بكرِشْنَ فإنه يبلغ كمال اليوغا.

الآن عندما ننتقل إلى شْريَمَدْ بْهاجَفَتَم ، في الكانتو الثاني عشر نجد مشوكَ دِفَ غُوسْواميّ يقول مَهارَجَ پَرِيَكْشِيتْ أنّ في العصر الذهبي، الشسَتيا -اليوغا، كان الناس يعيشونَ لمائة ألف سنة في ذاك الوقت، عندما عاشت الكائنات الحيّة المتقدمة لفترات طويلة من الزمن، كان من الممكن تنفيذ نظام اليوغا التأملية هذا، ولكن ما تمّ تحقيقه في

الشسَتْيا-اليوغا بواسطة هذه العملية التأملية، وفي اليوغا التالية، تْرِتا - يوغا من خلال تقديم الذبائح العظيمة وفي اليوغا التالية، دْڤاپَر - يوغا من خلال العبادة في الهيكل، يمكن أن يتحقق في الوقت الحاضر، في هذا الكَلي - يوغا ببساطة، عن طريق ترديد أسماء الله، هَري كيرتانا، هَري كْرِشْنَ. وهكذا من مصدر موثوق نتعلم أنّ هذا الهتاف لهَري كْرِشْنَ، هَري كْرِشْنَ، كْرِشْنَ كْرِشْنَ، هَري هَري، هَري رامَ، هَري رامَ، رامَ رامَ، هَري هَري هو تجسيد لكمال اليوغا لهذا العصر. . .

اليوم لدينا صعوبات عظيمة للعيش لعمر الخمسين أو الستين عاماً. قد يعيش الرجل كحد أقصى لعمر الثمانين أو المائة سنة. وبالإضافة إلى ذلكَ فإنّ هذه السنوات الوجيزة هي دائما مشحونة بالقلق والصعوبات بسبب ظروف الحرب، والأوبئة والمجاعة والكثير من الاضطرابات الأخرى. لسنا أذكياء جداً أيضاً، وفي نفس الوقت، نحن لسنا محظوظين. هذه هي خصائص الرجل الذي يعيش في كَلي يوغا، سن المتدهور. وللتحدث بشكل صحيح، نحن لا يمكننا أبداً تحقيق النجاح في نظام اليوغا التأملية التي وصفها كْرِشْنَ. في أقصى حد يمكننا إرضاء أهوائنا الشخصية ببعض التكيّف الزائف من هذا النظام وبالتالي يدفع الناس المال لحضور بعض الدروس في تمارين الجمباز والتنفس العميق وهم سعداء إذ كانوا يعتقدون أنه يمكنهم أن يطيلوا حياتهم ببضع سنوات أو يتمتّعوا بحياة جنسية أفضل، لكن يجب أن نفهم أن هذا ليس نظام اليوغا الفعلية هذا النظام التأملي لا يمكننا تنفيذه بشكل صحيح في هذا العصر، بدلاً من ذلكَ، كل كمال هذا النظام يمكن إدراكه من خلال البْهَكْتي اليوغا، العملية الراقية من وعي كْرِشْنَ، خصوصاً شعار المَنْتْرَ اليوغا، تمجيد الرب كْرِشْنَ من خلال الهتاف الهَري كْرِشْنَ. هذا ما ينصح به في الكتب المقدسة القِيدية والذي أدخل من قبل السلطات العظيمة مثل شايتَنْيا مَهاپْرَبْهو. بالتأكيد البْهَقْقَدْ

غيتا يعلن أنّ المَهاتْماز، الأرواح العظيمة، دائماً يهتفونَ أمجاد الرب. إذا كان المرء يريد أن يكونَ المَهاتْما من حيث شروط الأدب الڤِيدي، من حيث شروط البْهَغَفَدْ غيتا ومن حيث شروط السلطات العظيمة، فعلى المرء أن يتخذ عملية وعي كْرِشْنَ عبر ترديد الهَري كْرِشْنَ. ولكن إذا كنا نريد الظهور كأننا نتأمل عبر الجلوس بطريقة مستقيمة جداً في وضع زهرة اللوتس والخوض في نشوة مثل نوع من الفنانين فهذا هو إذاً شيء مختلف ولكن علينا أنّ نفهم أنَ مثل هذه العروض ليس لديها أي علاقة مع كمال اليوغا الفعلية. المرض المادي لا يمكن علاجه عبر رعاية إصطناعية، يجب أن نأخذ العلاج الحقيقي مباشرة من كْرِشْنَ.

الفصل الثاني: اليوغا كعمل في التفاني.

لقد سمعنا أسماء عدة مختلفة من اليوغاز واليُّوغيز. ولكن في البْهَغَڤَدْ غيتا يقول كْرِشْنَ أنّ اليُّوغي الفعلي هو الذي قد سلّم نفسه "كلياً لي". كْرِشْنَ يعلن أنّ ليس هناكَ فرق بين التخلّي(سَنّْيَاسَ) واليوغا.

يامْ سَنّْيَاسَمْ إتي پْراهورْ
يُّوغَمْ تَمْ ڤِيدّْهي پانْدَڤَ
نَ هِي أَسَنّْيَاسَتَ - سَنَكَلْپُو
يُّوغيّ بْهَڤَتي كَشْشَنَ

في البْهَغَڤَدْ غيتا هناك ثلاثة أنواع أساسية محددة منَ اليوغا الكَرْمَ يوغا، غْيَانَ يوغا والبْهَكْتي يوغا. يمكن تشبيه أنظمة اليوغا بدرج. قد يكون شخص ما على الدرجة الأولى، في منتصف الطريق إلى الأعلى، أو على الدرجة العليا. عندما يرقى المرء إلى مستويات معيّنة، يُعرف بالكَرْمَ يُّوغي غْيَانَ يُّوغي، الخ. في جميع الحالات، الخدمة للرب الأسمى هي نفسها. إنهُ إختلاف من حيث العلو فقط. هكذا يقول الرب كْرِشْنَ لأرْجونَ أنه يجب عليه أن يفهم أنّ التخلّي (سَنّْيَاسَ) لا

يختلف عن اليوغا، لأنه من دون التحرر من الرغبة وإشباع الذات لا يمكن للمرء أن يصبح لا يُوغي ولا سَنيّاسَي . .

هناكَ بعض اليُوغيين الذينَ يؤدّونَ اليوغا لجني الأرباح، لكن هذه ليست هي اليوغا الحقيقية. كل شيء يجب أن يكون مشاركاً في خدمة الرب. كل ما نفعله كعمال عاديين أو كسَنيّاسَ أو كيُوغي أو كفيلسوف يجب القيام به في وعي كْرِشْنَ. عندما نكون منشغلين في فكرة خدمة كْرِشْنَ وعندما نتصرّف بذلكَ الوعي، يمكننا أن نصبح سَنيّاسَ حقيقياً ويُوغياً حقيقي. بالنسبة لأولئكَ الذينَ إتخذوا الخطوة الأولى على درج نظام اليوغا، هناك عمل. ينبغي للمرء أن لا يفكر أنه لِمجرد أنه بدأ باليوغا يجب أن يتوقف عن العمل. في البْهَغَفَدْ غيتا كْرِشْنَ يسأل أرْجونَ أن يصبحَ يُوغياً، لكنه لا يقول له أبداً أن يتوقف عن القتال. بل على العكسَ تماماً. بالطبع قد يتساءل المرء كيف يمكن للشخص أن يكون يُوغياً، وفي نفس الوقت محارباً. مفهومنا لِممارسة اليوغا هو الجلوس بطريقة مستقيمة جداً، مع الساقين بشكل متقاطع والعيون نصف مغلقة، محدّقين طرف أنفنا ومركّزين بهذه الطريقة في مكان منعزل. فكيف يطلب إذن كْرِشْنَ من أرْجونَ أن يصبح يُوغياً وفي نفس الوقت أن يشترك في حرب أهليّة مروّعة؟ هذا هو سر البْهَغَفَدْ غيتا: يمكن للمرء أن يبقى رجلاً محارباً، وفي نفس الوقت أن يكون أعلى يُوغي، أعلى سَنيّاسَ. كيف يكون هذا ممكن؟ في وعي كْرِشْنَ ، يجب على المرء ببساطة المحاربة لكْرِشْنَ، العمل لكْرِشْنَ، تناول الطعام لكْرِشْنَ، النوم لكْرِشْنَ وتكريس جميع نشاطاته لكْرِشْنَ. وبهذه الطريقة يصبح المرء أعلى يُوغي وأعلى سَنيّاسَ. هذا هو السر.

في الفصل السادس من البْهَغَفَدْ غيتا، شْريّ كْرِشْنَ يرشد أرْجونَ كيفية أداء اليوغا التأمليّة، ولكن أرْجونَ يرفض هذا نظراً لكثرة صعوبته. فكيف يعتبر أرْجونَ يُوغياً عظيماً؟ على الرغم من أنّ كْرِشْنَ رأى رفض

أرْجونَ لنظام اليوغا، أعلن أرْجونَ ليكونَ أعلى يُوغي: لأنك "أنتَ دائماً تفكر فيَّ". التفكير في كْرِشْنَ هو جوهر أنظمة اليوغا كلها --من هَطْهَى، الكرمة، غْيانَ وبْهَكْتي أو أي نظام آخر من اليوغا، تضحيّة أو خيرية. كل النشاطات الموصى بها للإدراك الروحي تنتهي بوعي كْرِشْنَ، وبالتفكير دائماً في كْرِشْنَ. الكمال الفعلي للحياة البشْريّة يكمن في أن يكون الشخص دائماً في وعي كْرِشْنَ وأن يكون على إدراك دائم بكْرِشْنَ خلال أدائه جميع أنواع الأنشطة.

في المرحلة الأولية يُنصح المرء بالعمل دائماً لكْرِشْنَ. يجب على المرء أن يبحث دائماً عن بعض الواجب أو بعض المشاركة، لأنها سياسة سيئة أن نظل خاملينَ ولو للحظة. عندما يصبح المرء متقدماً من خلال مثل هذه المشاركات، قد لا يعمل جسدياً، ولكنه دائماً يشارك داخلياً بالتفكير باستمرار في كْرِشْنَ. في المرحلة الأولية، ومع ذلكَ، ينصح دائماً المرء بإشراك حواسه في خدمة كْرِشْنَ. وهناك مجموعة متنوعة من الأنشطة التي يمكن للشخص أن يؤديها في خدمة كْرِشْنَ. الجمعية العالمية لوعي كْرِشْنَ تهدف لمساعدة المصلّين الطامحين المباشْريّن في هذه الأنشطة. لأولئك الذينَ يعملونَ في وعي كْرِشْنَ، ليس هناك ببساطة ساعات كافية في اليوم لخدمة كْرِشْنَ. هناكَ دائماً أنشطة، إرتباطات ليلاً ونهاراً، والتي يؤديها تلميذ وعي كْرِشْنَ بسعادة، هذه هي مرحلة السعادة الحقيقية -- المشاركة بشكل مستمر لكْرِشْنَ ونشر وعي كْرِشْنَ في كل أنحاء العالم. في العالم المادي يمكن للمرء أن يصبح متعباً جداً إذا كان يشتغل كل الوقت، ولكن إذا كان المرء يشتغل بوعي كْرِشْنَ، يمكنه ترديد الهَري كْرِشْنَ والمشاركة في الخدمة التعبدية أربع وعشْريّن ساعة في اليوم دون أن يتعب أبداً. ولكن إذا كنّا نهزّ بعض اللإهتزازات الأرضية، عندها سرعان ما نصبح منهكين. ليس هناك شك في أن نصبح متعبين على المنصة الروحيّة. المنصة الروحيّة

هي مطلقة . في العالم المادي الكل يعمل من أجل إرضاء نفسه . وأرباح أتعاب المرء في العالم المادي تستخدم لإرضاء حواسه . ولكن اليُّوغي الحقيقي لا يرغب بمثل هذه الثمار . ليس لديه رغبة غير كْرِشْنَ، وكْرِشْنَ هناكَ بالفعل .

الفصل الثالث: اليوغا كتأمل كْرِشْنَ.

في الهند، هناك أماكن مقّدسة حيث يذهب اليُوغيونَ للتأمّل في عزلة، كما هو منصوص بالبْهَغَفَدْ غيتا. تقليدياً، لا يمكن تنفيذ اليوغا في مكان عام، ولكن بقدر ما كَيرْتَنَ مَنْتْرَ اليوغا أو اليوغا هتاف الهَري كْرِشْنَ مَنْتْرَ: هَري كْرِشْنَ، هَري كْرِشْنَ، كْرِشْنَ كْرِشْنَ، هَري هَري، هَري رامَ، هَري رامَ، رامَ رامَ، هَري هَري--هي المعنية، وكلما زاد عدد الناس الحاضرين، كلما كان أفضل. عندما الرب تشيانا مهَابرَبهو كان يؤدي الكرتان، في الهند قبل خمسمئة سنة، قام بتنظيم في كل مجموعة ستة عشر شخصاً لقيادة الهتاف، والآلاف منَ الناس هتفوا معهم. هذه المشاركة في كرتان في هذا الهتاف العام لأسماء وأمجاد الله ممكن جداً وفي الواقع سهل في هذا العصر، ولكن بما يتعلّق في عملية اليوغا التأملية المعنية، فهذا صعب جداً ويُنص خصيصاً بالبْهَغَفَدْ غيتا أنّ لأداء اليوغا التأملية يجب على المرء الذهاب إلى مكان منعزل ومقدس. بكلمات أخرى، من الضروري مغادرة المنزل. في هذا العصر المكتَظ بالسكان فإنه ليس من الممكن دائماً العثور على مكان منعزل، ولكن هذا ليس ضرورياً بالبْهَكْتي-اليوغا.

في نظام البْهَكْتي-اليوغا هناك تسع عمليات مختلفة: السمع، الهتاف،

التذكّر، الخدمة، عبادة الألهة في المعبد، الصلاة، تنفيذ الأوامر، خدمة كْرِشْنَ كصديق والتضحيّة له. من بين هذه سرافانام كيَرْتَنم (ش. ب. ٢٣ر٥ر٧) -السمع والهتاف يعتبران الأهم. في كيَرْتَنَ عام يمكن للمرء أن يهتف هَري كْرِشْنَ، هَري كْرِشْنَ، كْرِشْنَ كْرِشْنَ، هَري هَري، هَري رامَ، هَري رامَ، رامَ رامَ، هَري هَري، بينما تستمع مجموعة، وفي نهاية المَنْتْرَ يمكن للمجموعة الرد، في هذه الطريقة هناك تبادل بين السمع والهتاف. هذا يمكن أداؤه بكل بساطة في منزل المرء مع مجموعة من الأصدقاء أو مع أناس كثيرين في مكان عام كبير، يمكن للمرء أن يحاول ممارسة اليوغا التأملية في مدينة كبيرة أو في مجتمع، ولكن على المرء الفهم أنّ هذا هو من إختراعه وليس هو الأسلوب الموصى به في البْهَغَڤَدْ غيتا.

العملية كلها من نظام اليوغا، هي لتنقية نفس الشخص. وما هي هذه التنقية؟ تنقية ينتج عنها تحقيق هوية المرء الفعلية. التنقية هي الإدراك " إنني روح محض -إنني لست هذه المادة. " ونظراً للإتصال المادي، نحن نعرف أنفسنا بالمادة، ونحن نفكّر، "أنا هذا الجسد " ولكن من أجل أداء اليوغا الحقيقية يجب على المرء أن يدرك وضعه الدستوري، بإعتباره مختلفاً عن المادة. الغرض من السعي إلى مكان منعزل وتنفيذ العملية التأملية هو للوصول إلى هذا الفهم. ليس من الممكن الوصول إلى هذا الفهم إذا كان المرء ينفّذ العملية بشكل غير صحيح. على أي حال، هذا هو الأعتبار من الرب شايتَنْيا مَهاپْرَبْهو.

هَرِرْ نامَ هَرِرْ نامَ
هَرِرْ نامايڤَ كِڤَلَمْ
كَلاو ناسْتِي اِڤَ ناسْتِي اِڤَ
ناسْتِي اِڤَ غْتيرْ أنْياتْها

س.س. آدي ١٧.٢١

هي فكرة عامة، على الأقل في العالم الغربي، أنّ نظام اليوغا هذا ينطوي على التأمل في الفراغ. لكن الأداب الڤِدية لا تنصح بالتأمل على أي فراغ. بدلاً من ذلكَ، الڤِيدا تحافظ على أنَ اليوغا تعني التأمل ڤيشْنَو، وهو محافظ عليه أيضاً في البْهَغَڤَدْ غيتا. في العديد من مجتمعات اليوغا نجد أنّ الناس يجلسونَ متقاطعي الأرجل ومستقيمين جداً، ثم يغلقون أعينهم للتأمل، وخمسون بالمئة منهم ينامون، لأننا عندما نغمض أعيننا وليس لدينا موضوع للتأمل، ببساطة ننام. بالطبع هذا ليس موصىً به من قبل شْريّ كْرِشْنَ في البهَغَفَد غيتا. يجب على المرء أن يجلس مستقيماً جداً، وأن تكون عيونه نصف مغلقة فقط، ويحدّق بطرف أنفه. إذا كان المرء لا يتبع التعليمات، فأن النتيجة ستكون النوم ولا شيء أخر. في بعض الأحيان، بالتأكيد، التأمل يستمر عندما يكون المرء نائماً، ولكن هذه ليست العملية الموصى بها لتنفيذ اليوغا. بالتالي، وللحفاظ على المرء مستيقظاً، كْرِشْنَ ينصح المرء بالحفاظ دائماً على مرئية طرف أنفه. بالإضافة إلى ذلك، يجب على المرء أن يكونَ دائماً غير منزعج. إذا كان العقل مضطرباً أو كان هناك الكثير من النشاط، لا يتمكّن للمرء التركيز. في اليوغا التأملية، يجب على المرء أن لا يكون خالياً من الخوف. ليس هناك خوف عندما يدخل المرء الحياة الروحيّة. وأيضاً، يجب على المرء أن يكونَ بْرَهْمَشاريّ، متحرراً كلياً من الحياة الجنسية. ولا يمكن أن يكونَ هناك أي مطالب على إمرىءٍ يتأمّل بهذه الطريقة. عندها لا يكونَ هناكَ أي مطالب، وينفّذ المرء هذا النظام في شكل صحيح، عندئذٍ يمكنه السيطرة على عقله. بعد تلبية جميع متطلبات التأمل، يجب على المرء نقل كل تفكيره على كْرِشْنَ، أو فيشنو. ليس أنّ المرء ينقل تفكيره إلى فراغ. يقول كْرِشْنَ أنّ المرء

المندمج في نظام اليوغا التأملي هو "دائما يفكّر فيَّ".

ومن الواضح أنه يجب على اليُوغي أن يمر بصعوبات عظيمة لتنقية الآتما (العقل، الجسد والروح)، والحقيقة هي أنه يمكن القيام بذلكَ بأكثر فعالية في هذا العصر ببساطة عن طريق هتاف هَري كْرِشْنَ، هَري كْرِشْنَ، كْرِشْنَ كْرِشْنَ هَري هَري، هَري رامَ، هَري رامَ، رامَ رامَ، هَري هَري لماذا هذا؟ لأنّ هذه الإهتزازات الصوتية التجاوزية هي غير مختلفة عن كْرِشْنَ. عندما نهتف إسمه بتفانٍ، عندها كْرِشْنَ معنا، وعندما يكون كْرِشْنَ معنا، ما هي إمكانية البقاء غير طاهر؟ وبناءً على ذلكَ، المرء المندمج في وعي كْرِشْنَ، في هتاف أسماء كْرِشْنَ وبخدمته دائماً، يتلقّى فائدة أعلى أشكال اليوغا. الفائدة من هذا أنه لا يتوجب عليه إتخاذ كل متاعب العملية التأملية. هذا هو جمال وعي كْرِشْنَ.

فمنَ الضروري في اليوغا السيطرة على جميع الحواس. عندما نسيطر على جميع الحواس، يتمكّن العقل من المشاركة في التفكير في فيشنو. يصبح المرء هادئاً بعد أن يتغلب على الحياة المادية.

جيتاتْمَنَه پْرَشانْتَسْيا
پَرَماتْما سَماهيتَه

هذا العالم الماديّ تم تشبيهه بحرائق الغابة العظيمة. كما في الغابة، قد يبدأ الحريق تلقائياً، كذلكَ في العالم المادي، على الرغم من أننا قد نحاول العيش بسلام، هناك دائماً حريقٌ عظيم. وليس من الممكن أن نعيش بسلام في أي مكان في العالم المادي. ولكن للمرء المتجاوزي -- إما عبر نظام اليوغا التأملي أو بواسطة الأسلوب الفلسفي التجريبي أو عن طريق بْهَكْتي يوغا -- السلام هو أمر ممكن. كل أشكال اليوغا مقصودة للحياة التجاوزية، ولكن أسلوب الهتاف له فعالية خاصة في

هذا العصر، الكيَرْتَنَ يمكن أن يستمر لساعات، ولا يشعر المرء بتعب، ولكن من الصعب الجلوس بوضعية اللوتس بشكل صحيح لأكثر من بضع دقائق. حتى مهما تكن العملية، وبمجرد إطفاء نار الحياة المادية، فإن المرء لا يواجه ببساطة ما يسمّى الفراغ غير الشخصي، بدلاً من ذلكَ، مثلما يقول كْرِشْنَ لأرْجونَ، يدخل المرء إلى المسكن الأسمى.

يونْجَنّْ اِقَمْ سَدآتْمانَمْ
يُّوغيّ نْيياتَ - مانَسَه
شانْتيمْ نيرْڤانَ - پَرَمامْ
مَتْ - سَمْسْتْهامْ أدْهيغشّْهَتي

مسكن كْرِشْنَ ليس فارغاً. هو مثل مؤسسة، في المؤسسة هناك تشكيلة من الإلتزامات. اليُّوغي الناجح يبلغ في الواقع إلى ملكوت الله، أين هي تشكيلية الروحانية؟ إنّ عمليات اليوغا هي ببساطة طرق ليرتفع المرء للدخول إلى ذلكَ المسكن. في الواقع نحن ننتمي إلى ذلك المسكن، ولكن لكوننا ننسى، نحن وضعنا في العالم المادي. كما يصبح المجنون مجنوناً ويوضع في مستشفاً للأمراض العقلية، كذلك، نحن خاسرونَ هويتنا الروحيّة، نصبح مجانين ونوضع في هذا العالم المادي. بالتالي فالعالم المادي هو نوع من مستشفى للأمراض العقلية، ويمكننا أنّ نلاحظ بسهولة أنّ لا شيء يتمّ بشكل عقلاني هنا. عملنا الحقيقي هو أن نخرج وأن ندخل ملكوت اللّه. في البْهَغَڤَدْ غيتا كْرِشْنَ يعطي المعلومات عن هذه المملكة ويعطي تعليمات عن موقفه وموقفنا -عمّا هو وعمّا نحن عليه. جميع المعلومات اللازمة مقدمة في البْهَغَڤَدْ غيتا، والرجل العاقل سيستفيد من هذه المعرفة.

الفصل الرابع: اليوغا كسيطرة على الجسم والعقل.

في جميع أنحاء البْهَغَفَدْ غيتا، كْرِشْنَ كان يشجع أرْجونَ للمحاربة، لأنه كانَ محارباً، والمحاربة كانت واجبه. على الرغم من أنّ كْرِشْنَ يحدد نظام اليوغا التأمليّة في الفصل السادس، إلاّ أنه لا يشدّد عليه، أ ويشجّع أرْجونَ لمواصلته كدربه. كَيَرْتَنَ يقرّ أنّ هذه العملية التأمليّة صعبة جداً.

شْريّ بْهَغْفانْ أوڤاشَ
أَسَمْشَيامْ مَها - باهُو
مَنُو دورْنيغْرَهَمْ شَلَمْ
أَبْهْيَاسِنَ تو كاونْتِيا
ڤايراغيينَ شَ غْرِهْياتي

هنا كْرِشْنَ يشدّد على الممارسة والتخلي كوسيلتين للسيطرة على العقل، ولكن ما هو هذا التخلي؟ اليوم، فأنه يكاد يكون منَ المستحيل لنا التخلي عن أي شيء، لأننا معتادون كثيراً على متع الحواس المادية المتنوعة. على الرغم من قيادة حياة لا يمكن التحكم بالإنغماس في

الحواس فيها، نحن نحضر صفوف اليوغا ونتوقع تحقيق النجاح. هناك الكثير من القواعد والأنظمة المتعلقة بتنفيذ اليوغا بشكل صحيح، والبعض منّا بالكاد يمكنه التخلي عن عادة بسيطة مثل التدخين. في خطابه عن نظام اليوغا التأملية، كْرِشْنَ يعلن أنّ اليوغا لا يمكن إداؤها بشكل صحيح من قبل المرء الذي يأكل الكثير أو الذي يأكل القليل جداً. المرء الذي يجوّع نفسه لا يمكنه أداء اليوغا بشكل صحيح، ولا الشخص الذي يأكل أكثر مما هو مطلوب. عملية الأكل يجب أن تكونَ معتدلة، وبما فيه الكفاية للحفاظ على الجسم والروح معاً: لا ينبغي أن تكون لمتعة اللسان. عندما تأتي أطباق لذيذة أمامنا، إعتدنا على أن نأخذ ليس فقط واحدة من التحضيرات ولكن إثنتين، ثلاثة، أربعة وما فوق. لساننا لا يمكننا أن نرضيه أبداً. ولكن ليس من غير المعتاد في الهند أن نرى اليُّوغي يأخذ ملعقة صغيرة من الأرز في اليوم ولا شيء أكثر. لا يمكن للمرء تنفيذ نظام اليوغا التأملي إذا كان ينام كثيراً أو لا ينام بما فيه الكفاية. كْرِشْنَ لا يقول أنّ هناكَ شيئاً كنوم بلا أحلام. حالما نذهب إلى النوم، سيكون لدينا حلم، على الرغم من أنه قد لا يمكننا تذكره. في الغيتا كْرِشْنَ يحذّر من أنّ المرء الذي يحلم كثيراً خلال النوم لا يمكنه تنفيذ اليوغا بشكل صحيح. يجب على المرء أن لا ينام أكثر من ست ساعات في اليوم. ولا يمكن للمرء المصاب بالأرق، أي الذي لا يستطيع النوم في الليل تنفيذ اليوغا بنجاح، إذ على الجسم أن يكونَ سليماً. وهكذا كْرِشْنَ يضع خطوطاً عريضةً على متطلبات كثيرة لتأديب الجسم. كل هذه المتطلبات، مع ذلكَ، يمكن تقسيمها بشكل أساسي إلى أربعة قواعد أساسية: لا علاقة جنسية غير شرعية، لا ثمالة، لا أكل لحوم ولا لعب قمار. هذه هي اللوائح الأربعة الأدنى لتنفيذ أي نظام اليوغا. وفي هذا العصرمن يمكنه الإمتناع عن هذه الأنشطة؟ يجب أن نختبر أنفسنا وفقاً لذلكَ للتأكد من نجاحنا في

تنفيذ اليوغا.

يُّوغِيّ يُّونْجيَت سَتَتَمْ
آتْمانَمْ رَهَسي سْتْهيتَه
اِكاكيّ ياتَ - شيتّآتْما
نيراشَيرْ أَپَريغْرَهَه

في هذه الآية يمكننا أن نفهم أنه من واجب اليُّوغي أن يظلَ دائماً وحيداً. اليوغا التأملية لا يمكن أداؤها في جَمعة، على الأقل ليس وفقاً للبْهَغَفَدْ غيتا. في نظام التأمل ليس من الممكن تركيز العقل على الروح العليا، إلا في مكان منعزل. في الهند، لا يزال هناك العديد من اليُّوغيز الذين يتجمّعونَ في الكومْبَ مِلا. عموماً هم في عزلة، ولكن في مناسبات نادرة يأتونَ لحضور مهام خاصة. في الهند لا يزال هناك الآلاف من اليُّوغيز والحكماء، وحوالي كل إثنتي عشر سنة يلتقونَ في الأمكان المقدسة خاصة بالهابات، الخ. . . -كما في أمريكا لديهم مؤتمرات للأ عمال. اليُّوغي، بالأضافة لعيشه في مكان منعزل، ينبغي أن يكونَ متحرراً من الرغبات والاّ يظن أنه يؤدي اليوغا لتحقيق بعض القوى المادية. ولا ينبغي أن يقبل الهدايا أو الخدمات من الناس. إذا كان يؤدي هذه اليوغا التأملية بشكل صحيح، يبقى وحيداً في الأدغال، والغابات والجبال ويتجنّب المجتمع تماماً. في جميع الأوقات يجب عليه أن يكونَ مقتنعاً لكونه أصبح يُّوغي. ولا يعتبر نفسه وحيداً لأنّ في جميع الأوقات البرامَتما-الروح العليا -هي معه. وبذلكَ يمكن أنّ نرى أنّه في الحضارة الحديثة، وفي الواقع من الصعب جداً تنفيذ هذا الشكل من اليوغا التأملية بشكل صحيح. الحضارات المعاصرة في هذا العصر الكَلي جعلت، في الواقع، من المستحيل بالنسبة لنا أن نكون لوحدنا،

أن نكون بلا رغبة، أن نكون بلا تملك.

وأسلوب تنفيذ اليوغا التأملية يُشرح بشكل إضافي بقدر كبير منَ التفصيل من قبل كْرِشْنَ لأرْجونَ. شْريّ كْرِشْنَ يقول،

شوشاو دِشِي پْرَتيشْطْهاپْيا
سْتْهيرَمْ آسَنَمْ آتْمَنَه
ناتى- اوشّْهْريتَمْ ناتي - نيَشَمْ
شايلاجينَ - كوشُوتَّرَمْ
تَتْرايكاغْرَمْ مَنَه كْرِتْڤا
ياتَ - شيتِّنْدْرييا - كْرِيياه
اوپَڤيشْيَاسَنى يونْجْيَادْ
يُوغَمْ آتْمَ – ڤيشودّْهَيى

عموماً اليُوغيون يجلسون على جلد النمر أوجلد الغزلان لأنّ الزواحف لا تزحف على جلود كهذه لزعزعة تأملاتهم. ويبدو أنّ في خلق الرب، هناك طريقة للاستعمال كل شيء. كل عشب وعشبة يمكن أن يخدم ببعض الوظائف، على الرغم من أننا لا نعرف ما هي. هكذا بالبْهَغَڤَدْ غيتا كْرِشْنَ جعل بعض الشروط حيث أنّ اليُوغي لا يقلق بشأن الأفاعي. بعد حصوله على مكان جيد للجلوس في بيئة منعزلة، يبدأ اليُوغي بتنقية الآتما -الجسم والعقل والروح. يجب على اليُوغي ـ ألاّ يفكر، " الآن سوف أحاول تحقيق بعض القوى الرائعة. " في بعض الأحيان، اليُوغيز يقومون بتحقيق بعض السيدّْهيزْ، أوالقوى، ولكن هذه ليست هدف اليوغا، واليُوغيز الحقيقيونَ لا يظهرونها. اليُوغي الحقيقي يفكر " إنني ملوّث الآن من قبل هذا الجو المادي، وبالتالي لابد لي الآن من تنقية نفسي. "

يمكننا أنّ نرى بسرعة أنّ التحكّم في عقلنا وجسدنا هو ليس بشيء

سهل، ولا يمكننا التحكّم بهما بسهولة مثل الذهاب إلى المتجر وشراء شيء. ولكن كْرِشْنَ يشير إلى أنّ هذه القواعد يمكن إتباعها بسهولة، عندما نكون في وعي كْرِشْنَ. بالطبع، الكل مندفع من قبل الحياة الجنسية. ولكن الحياة الجنسية بالواقع شيء لا يثنى عنه. كلنا لدينا هذا الجسد المادي، وطالما هو لدينا، رغبة الجنس ستكون هناك. وبالمثل، طالما لدينا الجسم، يجب علينا أن نأكل للحفاظ عليه، ويجب علينا النوم من أجل إعطائه الراحة. لايمكننا أن نتوقع أن ننفي هذه الأنشطة، ولكن الأداب الفِدية تعطينا مبادىء توجيهيّة لتنظيم أكلنا، نومنا، التزاوج. الخ. . إذا كنا نتوقّع أي نجاح إطلاقاً في نظام اليوغا، لا يمكننا السماح لِحواسنا غير المنضبطة بأخذنا إلى أسفل مسارات حاسة الأشياء، ولذلكَ وضعت مبادىء توجيهية. الرب شْريّ كْرِشْنَ ينصح بأنه يمكن السيطرة على العقل من خلال التنظيم. إذا كنا لاننظمها أنشطتنا، فعقولنا ستصبح أكثر فأكثر مضطربة. ليس الأمر أنه على الأنشطة أن تتوقف، ولكن أن تنظّم دائماً من قبل العقل في وعي كْرِشْنَ. المشاركة دائمة في بعض الأنشطة المتعلّقة بكْرِشْنَ هو في الواقع سَمادْهي. عندما يكون المرء في سَمادْهي لا يعني ذلكَ أنه لا يأكل، لايعمل، لا ينام ولا يستمتع بأي شكل من الأشكال. بدلاً من ذلك، يمكن تعريف السَمادْهي كتنفيذ الأنشطة المنظمة في حين إستيعابها في فكر في كْرِشْنَ.

أَسَمْياتاتْمَنا يُوغو
دوشْپْراپَ إتي مِى مَتيه
ڤَشْيَاتْمَنا تو ياتَتا
شَكْيُو 'ڤاپْتومْ اوپاياتَه

"الذي عقله غير منضبط، " يضيف كْرِشْنَ بالقول، "الإدراك النفسي هو عمل صعب"(ب. غ. ٦،٣٦) أي شخص يعرف أنّ ركوب الحصان غير المنضبط هو أمر خطير.

يمكنه الذهاب في أي إتجاه بأي سرعة، والشخص الذي يركبه يمكن أن يتضرر. طالما العقل غير منضبط، كْرِشْنَ يتفق مع أرْجونَ أنّ نظام اليوغا عمل صعب بالفعل. "ولكن" يضيف كْرِشْنَ " للشخص الذي عقله منضبط ويسعى بالوسائل الصحيحة، النجاح مؤكد. هذا هو حُكمي"(ب. غ. ٦،٣٦)

ماذا يعني السعي بالوسائل الصحيحة؟" على المرء أن يحاول إتباع المبادىء التنظيميّة الأربعة الأساسية كما ذكر وتنفيذ أنشطته مستغرقاً في وعي كْرِشْنَ.

إذا كان المرء يريد المشاركة في اليوغا في المنزل، عندئذ عليه التأكد أن إلتزاماته الأخرى معتدلة. لا يمكنه أن يقضي ساعات طويلة في النهار ويعمل بجهد ليكسب ببساطة رزقه. يجب على المرء أن يعمل باعتدال جداً ويأكل باعتدال ويشبع حواسه باعتدال جداً ويُبقي حياته خالية من القلق بقدر المستطاع. في هذه الطريقة ممارسة اليوغا قد تكونُ ناجحة.

ما هي العلامة التي يمكننا من خلالها أنّ نقول أنّ المرء قد بلغ كمال اليوغا؟ كْرِشْنَ يشير أنّ المرء قائم باليوغا عندما يكونُ وعيه تحت تحكمه بالكامل.

يادا ڤينِيياتَمْ شيتَّمْ
آتْمَنى اِڤاڤَتيشْطهَتِى
نيسْپْرِهَه سَرْڤَ - كامِبْهْيُو
يوكْتَ إتى اوشْياتى تَدا

المرء الذي بلغ اليوغا ليس متوقّفاً على إملاءات عقله، بدلاً من ذلكَ، العقل يأتي تحت سيطرته. ولا يمكن للعقل أن ينخمد أو ينطفيء، لذلكَ عمل اليُوغي هو التفكير في كرِشْنَ، أو فيشنو، دائماً. واليُوغي لا يمكنه أن يسمح لعقله بالخروج. هذا قد يبدو صعباً للغاية، ولكن ممكناً في وعي كرِشْنَ عندما يكون المرء مشاركاً دائماً في وعي كرِشْنَ، في خدمة كرِشْنَ كيف يمكن للعقل أن يهيم بعيداً عن كرِشْنَ؟ في خدمة كرِشْنَ يتمّ التحكّم بالعقل تلقائياً.

لا ينبغي أن يكون لليُوغي أي رغبة لإشباع الحواس المادية. إذا كان المرء في وعي كرِشْنَ، لا يكون لديه أي رغبة غير كرِشْنَ. فمن غير الممكن أن نصبح بلا رغبات. يجب التغلّب على الرغبة بإشباع الحواس المادية من خلال عملية تطهير، ولكن ينبغي أن نزرع الرغبة بكرِشْنَ لأنه يجب علينا ببساطة تحويل الرغبة. ليس هناك من شك في قتل الرغبة، لأنّ الرغبة هي رفيق دائم للكائن الحيّ. وعي كرِشْنَ هو العملية التي ينقَي المرء من خلالها رغباته، بدلاً من الرغبة بأشياء عدة لإشباع الحواس، يرغب المرء ببساطة بأشياء لخدمة كرِشْنَ. مثلاً، قد نرغب بطعام لذيذ، ولكن بدلاً من تحضير الطعام لأنفسنا، يمكننا تحضيره لكرِشْنَ وتقديمه له. ليس الأمر أن العمل هو مختلف، ولكن هناك نقلاً للوعي من التفكير في التصرّف لحواسي، للتفكير في التصرّف لكرِشْنَ. يمكننا تحضير منتجات طيبة من الحليب، الخضار، الحبوب، الفاكهة والأطباق النباتية لكرِشْنَ ومن ثم تقديمها له، الصلاة، " هذا الجسم المادي هو كتلة من الجهل والحواس هي شبكة من الطرقات تقودنا إلى الموت. من كل الحواس اللسان هو الأكثر شراهة وصعوبة للتحكم فيه. فإنه من الصعب التغلّب على اللسان في هذا العالم، لذلكَ أعطانا كرِشْنَ هذا البْرسادَ اللطيف، الطعام الروحاني، للتغلّب على اللسان. دعونا نأخذ هذا البْرسادَ لإرضائنا الكامل ونمجّد الرب شْريّ شْريّ رادْها وكرِشْنَ وبمحبة نستدعي

مساعدة الرب شايتَنْيا ونيتْيانَنْد پْرَبْهو". في هذه الطريقة يتم تضحيّة الكَرْمَ الخاصة بنا لأننا من البداية نفكر أن الطعام يقدّم لكْرِشْنَ، ويجب أن الاّ يكون لنا رغبة شخصية بالطعام. كْرِشْنَ رحوم جداً، مع ذلك إنه يعطينا الطعام للأكل، وهكذا رغبتنا تحقق عندما يصمّم المرء حياته في هذه الطريقة، إنسجام رغباته مع كْرِشْنَ-عندئذٍ يجب الفهم أنه بلغ كمال اليوغا. ببساطة، التنفس العميق والقيام ببعض التمارين هو ليس اليوغا، بما يعنى بالبْهَكْتْيِ غيتا التطهير الكامل للوعي هو أمر مطلوب.

في تنفيذ اليوغا، من المهم جداً أن لا يكون العقل مضطرباً.

ياتْها ديپُو نيڤاتَ - سْتْهُو
نِنْغتى سُوپَما سْمْرِتا
يُوغينُو ياتَ - شيتَّسْيا
يُونْجَتُو يُوغمْ آتْمَنه

عندما تكون الشمعة في مكانٍ لا يوجد فيه ريح، لهبها يظل مستقيماً ولا يتزعزع. العقل مثل اللهب، هو عرضة لكثير من الرغبات المادية الذي، مع أدنى تحريض، سوف يتحرك. ويمكن لحركة قليلة من العقل تغيير الوعي بكامله. لذلكَ في الهند المرء الذي يمارس اليوغا على محمل الجد يظلّ تقليدياً بْرَهْمَشاريّ، أو يمارس العفة. هناكَ نوعان منَ البْرَهْمَشاريّ: المرء الذي يمارس العفة كلياً والآخر الذي هو غْرِهَسْتْهَى -بْرَهْمَشاريّ وهذا يعني أنه لديه زوجةً ولا يرتبط بأي إمرأة أخرى، وعلاقاته مع زوجته منظّمة بصرامة. بهذه الطريقة، إما عن طريق العفة الكلية أو الحياة الجنسية المقيدة. يبقى عقل المرء غير مضطرب. عندما يأخذ المرء نذراً بأن يظل يمارس العفة كلياً، قد يبقى عقله مضطرباً من قبل الحياة الجنسية، وبالتالي في الهند أولئكَ الذينَ يمارسونَ اليوغا

التقليدية تحت وعود صارمة بالعفة لا يسمح لهم الجلوس وحدهم حتى مع أمّ، أخت وإبنة. العقل متقلب كثيراً بحيث أن أدنى إقتراح يمكن أن يكونَ فاسداً.

اليُوغي يجب أن يدرّب عقله بطريقةٍ أنه بمجرد أن يحيد عقله عن التأمل ڤيشْنو. يجرّه للعودة مرة ثانية. وهذا يتطلّب قدراً كبيراً من الممارسة. يجب على المرء أن يأتي على معرفة أنّ سعادته الحقيقية هي في إختبار متعة في حواسه التجاوزية، وليس في حواسه المادية. الحواس لا يمكننا تضحيتها، والرغبات لا يمكِننا تضحيتها، ولكن هناك حدّ سواء من إرضاء رغبات الحواس في المجال الروحي، السعادة الحقيقية هي متجاوزة عن المادة، التجربة الحسّية. إذا كان المرء غير مقتنع بذلك، فإنه سوف يضطرب بالتأكيد ويسقط. ولذلكَ يجب على المرء أن يعرف أنّ السعادة التي يحاول إستمدادها من الحواس المادية هي ليست سعادةً حقيقيةً.

أولئكَ الذينَ هم في الواقع يُوغيز يستمتعونَ حقاً، ولكن كيف يستمتعون؟ رَمَنْتِي يُوغينو اَنَنْتِي-التمتع بها هو غير المحدود، هذا التمتع غير محدود هو السعادة الحقيقية، هكذا سعادة هي روحانية، ليست مادية. هذا هو المعنى الحقيقي لرامَ، كما هو الحال في هتاف هَري رامَ، رامَ تعني التمتع من خلال الحياة الروحيّة. الحياة الروحيّة كلها متعة، وكْرِشْنَ كله متعة. نحن ليس علينا تضحيّة المتعة، ولكن يجب علينا الإستمتاع بها بشكل صحيح. الرجل المريض لايمكنه الإستمتاع بالحياة، تمتّعه بالحياة هو تمتّع زائف، ولكن عندما يشفى ويكون سليماً، عندها يكون قادراً على التمتّع بها. وبالمثل، طالما نحن في المفهوم المادي للحياة، نحن لا نتمتّع بأنفسنا فعلاً ولكننا ببساطة نصبح أكثر فأكثر متشابكين في الطبيعة المادية. إذا كان لا يُفترض لرجلٍ مريضٍ الأكل، فإنّ أكله بلا حدود يقتله فعلاً. وبالمثل، فأننا

كلما نزيد التمتّع المادي نزيد تشابكاً في هذا العالم، وتزيد الصعوبة في التحرر من هذا (الفخ) الإنحباس المادي في هذا العالم. تهدف جميع أنظمة اليوغا إلى فكّ حالة الروح المشروطة من هذا الأنحباس ونقلها من التمتع الزائف بالأشياء المادية إلى التمتّع الفعلي بوعي كْرِشْنَ. ويقول شْريّ كْرِشْنَ،

ياترُوپَرَمَتِى شيتَّمْ
نيرودّْهَمْ يُوغ - سِڤَيا
ياتْرَ شايڤاتْمَناۤتمانَمْ
پَشْيانّْ آتْمَني توشْياتي

سوكْهَمْ آتيانْتيكَمْ ياتْ تَدْ
بودّْهي - غراهْيامْ أَتيَنْدْرييامْ
ڤِتّي ياتْرَ نَ شايڤايامْ
سْتْهيتَشْ شَلَتي تَتّْڤَته

يامْ لَبْدْهْڤا شاپَرَمْ لابْهَمْ
مَنْياتى نادْهيكَمْ تَته
ياسْمينْ سْتْهيتو نَ دوهْكْهِنَ
غورونابِي ڤيشالْياتِى

تَمْ ڤيدْيادْ دوهْكْهَى - سَمْيُّوغ -
ڤِيُّوغَمْ يُوغ – سَمْغْيَاتَمْ

شكل واحد من اليوغا قد يكون صعباً وآخر قد يكون سهلاً، ولكن

في جميع الحالات يجب على المرء أن ينقّي وجوده إلى مفهوم التمتّع بوعي كْرِشْنَ. عندها يصبح المرء سعيداً.

يادا هِي نِنْدْرييَارْتهِشو
نَ كَرْمَسْڤْ أَنوشْجَّتِي
سَرْڤَ - سَنَكَلْپَ - سَنّْياسيّ
يُوغاروَذْهَزْ تَدُوشْياتى
اودّْهَرِدْ آتْمَناآتْمانَمْ
ناآتْمانَمْ أَڤسادَيتْ
آتْمايڤَ هِى آتْمَنُو بَنْدْهورْ
آتْمايڤَ ريپورْ آتْمَنَه

يجب علينا رفع أنفسنا إلى المستوى الروحي بأنفسنا. في هذا المعنى إنني صديق نفسي وإنني عدو نفسي. الفرصة لنا. هناك آيةٌ جميلةٌ جداً من رشانَكْيا پَنَذيتَ. " لا أحد صديق أحد ولا أحد عدو أحد. بواسطة السلوك فقط يمكن للمرء أن يفهم من هو صديقه ومن هو عدوّه. "لا أحد يُخلق عدوّنا، ولا أحد يُخلق صديقنا. " يتم تحديد هذه الأدوار من قبل السلوك المتبادل. كما أنه لدينا علاقات مع الأخرينَ في الشؤون العادية، في نفس الطريقة للفرد علاقات مع نفسه. أنا يمكنني التصرف كصديق لنفسي أو كعدو. كصديق، يمكنني فهم موقعي كنفس روحيّة، ونظراً لأنني بطريقة أو بأخرى إتصلت بالطبيعة المادية، أحاول التحرر من التشابك المادي من خلال العمل بمثل هذه الطريقة لفكّ نفسي. في هذه الحالة أنا صديق نفسي، ولكن إذا بعد الحصول على هذه الفرصة لا آخذها، عندئذ يجب أن أعتبر أسوأ عدو لنفسي.

بَنْدهورْ آتْماتْمَنَسْ تَسْيا
يناآتْمايڤاتْمَنا جيته
أناتْمَنَسْ تو شّتْروتْڤي
ڤَرْتِتاآتْمايڤَ شَتْرو- ڤَتْ

كيف يمكن للمرء أن يصبح صديقاً لنفسه؟ هذا يفسّر هنا. آتْما تعني "العقل"، "الجسد" والروح" عندما نتكلّم عن الآتْما، بقدر ما نحن في المفهوم الجسدي، فأننا نشير إلى الجسد. ومع ذلكَ، عندما نتجاوز مفهوم الجسد ونصعد إلى المنصة العقلية، آتْما تشير إلى العقل. ولكن في الواقع عندما نقع على المنصة الروحيّة حقاً، عندها الآتْما تشير إلى الروح. في الواقع نحن روح محض. في هذه الطريقة، وفقاً لتطوّر المرء الروحي، معنى كلمة آتْما تختلف. فيما يتعلّق بالقاموس الڤِدي نيروكْتي. يشار بآتْما إلى الجسم، والعقل والروح. ومع ذلكَ، في هذه الآية من البْهَغَڤَدْ غيتا. آتْما تشير إلى العقل.

إذاً، يمكن من خلال اليوغا تدريب العقل، عندها العقل يكونُ صديقنا، ولكن إذا تُرِكَ العقل دونَ تدريب عندها ليس هناكَ إمكانية عيش حياة ناجحة. لمن ليس لديه فكرة عن الحياة الروحيّة، العقل هو العدو. إذا فكّر المرء أنه ببساطة جسد، لن يعمل عقله من أجل مصلحته. سوف يكون ببساطة يعمل لخدمة الجسم الفظِ ولجعل الكائن الحي في حالة أفضل وحبسه في هذه الطبيعة المادية. مع ذلكَ، إذا المرء يفهم موقفه نفس روحيّة بعيداً عن الجسم، العقل يمكن أن يكون عامل تحرير. في حد ذاته، العقل ليس لديه شيء يفعله، إنه ببساطة ينتظر تدريبه ويدرّب أفضل من خلال المجالسة. الرغبة هي وظيفة العقل، والمرء يرغب وفقاً لمجالسته: لذلكَ إذا كانَ على العقل التصرف كصديق، يجب أن يكونَ هناكَ مجالسة جيدة.

أفضل مجالسة هو السادْهو، وهذا هو، شخص في وعي كْرِشْنَ أو الذي يسعى بجهد من أجل التحقيق الروحاني. وهناكَ أولئكَ الذينَ يعملونَ بجهد لأشياء مؤقتة(أَسَتْ). المادة والجسد هما مؤقتان، إذا كان المرء يشرك نفسه من أجل المتعة الجسدية فقط، هو مشروط بأشياء مؤقتة. ولكن إذا أشركَ نفسه في تحقيق الذات، عندها يشارك في شيء دائم (سَتْ). من الواضح إذا كان المرء ذكياً يجالس أولئكَ الذينَ يحاولونَ رفع أنفسهم إلى منصة تحقيق الذات من خلال شكل من أشكال اليوغا، وستكون النتيجة أنّ أولئكَ الذين هم سادْهو، أو مدركين، سوف يكونون قادرينَ على قطع علاقته بالمجالسة المادية. هذه هي الميزة الكبيرة للمجالسة الجيدة. على سبيل المثال كْرِشْنَ يتحدث مع أرْجونَ البْهَغَفَدْ غيتا فقط لقطع تعلّقه بالتعاطف المادي. لأنَ أرْجونَ منجذب إلى الأشياء التي تعوق تنفيذ واجبه الخاص، كْرِشْنَ يقطع هذه الأمور. لقطع شيء ما، مطلوب أداة حادة: ولقطع العقل من تعلّقاته، غالباً ما يُطلب كلمات حادة. السادْهو أو المعلّم لا يُظهر أي رحمة في إستخدام الكلمات الحادة لقطع عقل الطالب عن المفاتن المادية. بقول الحقيقة بدون جدل، إنه قادر على قطع الرابط. على سبيل المثال، في بداية البْهَغَفَدْ غيتا، كْرِشْنَ يتكلّم بشكل حاد إلى أرْجونَ بإخباره أنَه على الرغم من أنه يتحدث مثل رجل علم، إلا أنه في الواقع أول غبي. إذا كنا نريد فعلاً الإنفصال عن هذا العالم الماديّ، علينا أن نكونَ مستعدينَ لقبول مثل هذه الكلمات الحادة من معلّمنا الروحاني. التسوية والأطراء ليس لديها تأثير حيث يُطلب كلمات قوّية.

في البْهَغَفَدْ غيتا المفهوم المادي للحياة مدان في الكثير من الأماكن. المرء الذي يعتقد أنّ البلد الذي ولد فيه يمكن عبادته، أو الشخص الذي يذهب إلى الأماكن المقدسة، ولكن يتجاهل السادْهو هناك. يشّبه بالحمار. كما أنّ العد ويفكّر دائماً بفعل الضرر، هكذا العقل

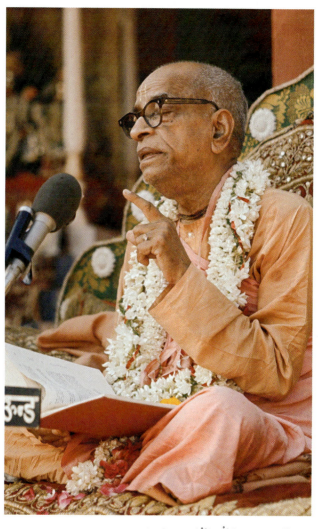

نعمته الإلهية إى. سي بْهَكْتي ڤِدَنْتَ سْواميّ بْرابوباضَ

شْريَلَ بهْكْطي سيضهْانْطَ سَرَسْفَطي غوسوامي مَهاراجَ

المعلم الروحي لنعمته الإلهية إى. سي بْهَكْتي ڤِدَنْتَ سْواميّ بْرابوباضَ

الفرد هو الراكب في السيارة للجسد المادي، والذكاء هو السائق. العقل هو أداة القيادة،
والحواس هم الأحصنة. الذات هي بالتالي المتمتعة أو المتألمة في مجالسة العقل والحواس.

حاول أن تعرف الحق عن طريق مقاربة المعلم الروحي. إستعلم منه بخضوع وقم على خدمته،
إذ بمقدور محقق الذات أن يكشف لك المعرفة لأنه رأى الحقيقة.

غير المدرّب سوف يسحب المرء أعمق وأعمق إلى التشابك المادي. النفوس المشروطة تناضل بشدّة مع العقل ومع الحواس الأخرى. مذ أنّ العقل يوجّه الحواس الأخرى، فأنه من أشدّ الأهمية جعل العقل صديقاً.

جيتاتْمَنَه پْرَشانْتَسْيا
پَرَماَتْما سَماهيتَه
شيَتُوشْنَ - سوكْهَى - دوهْكْهِشو
تَتَها ماناپَمانَيُّوه

عن طريق تدرّب العقل، المرء يبلغ الهدوء، لأن العقل يسحبنا دائما على الأشياء غير الدائمة، مثل حصان غير منضبط يسحب عربةً على مسار خطير. على الرغم من أننا دائمون أبَديون، وبطريقة أو بأخرى أصبحنا منجذبين إلى الأشياء غير الدائمة. ولكن يمكن تدريب العقل بسهولة إذا كان ثابتاً على كْرِشْنَ. كما أن القلعة آمنة عندما يتم الدفاع عنها من قبل جنرال عظيم، إذا تم وضع كْرِشْنَ في قلعة العقل، لن يكونَ هناكَ: "متى أكونُ قادراً على التفكّير فيكَ بإستمرار؟ عقلي دائماً يسحبني، ولكن حالما أصبح قادراً على تثبيت عقلي على قدميّ لكْرِشْنَ الشبهتين بزهرة اللوتس يصبح واضحاً. " عندما يكون العقل واضحاً يمكن التأمل بالرب العظيم، الپَرَماتْما أو الرب العظيم، الذي يجلس داخل القلب جنباً إلى جنب مع الروح الفرديّة. ينطوي نظام اليوغا على تركيز العقل وتركيزه على الپَرَماتْما أو الروح العظمى التي تجلس داخل القلب. الآية السابقة من البْهَغَفَدْ غيتا تشير إلى أن الشخص الذي غزا العقل وتغلّب على كل تعلّق بالأشياء غير الدائمة يمكنه الإستيعاب في التفكير بالپَرَماتْما. المرء الذي هو مستوعب كثيراً يصبح متحرراً من جميع الأزدواجية والتسميات الكاذبة.

الفصل الخامس: اليوغا كتحرر من الإزدواجية والإختيار.

هذا العالم المادي هو عالم من الإزدواجية -في لحظة واحدة نتعرض لحرارة فصل الصيف وفي اللحظة التالية لبرد الشتاء. أو في لحظة واحدة نحن سعداء وفي اللحظة التالية نحن في قلق. في لحظة واحدة نكرّم، وفي التالية نُهان. في هذا العالم المادي الإزدواجي، من المستحيل أن نفهم شيئاً دون فهم عكسه. ليس من الممكن أن أفهم ما هو الإحترام ما لم أفهم ما هي الإهانة. وبالمثل، لا أستطيع فهم ما هو البؤس إذا لم يسبق لي أن تذوّقتُ السعادة. ولا يمكنني أن أفهم ما هي السعادة إلاّ إذا تذوّقتُ البؤس. يجب على المرء تجاوز هذه الإزدواجيات، ولكن طالما أنّ هذا الجسم هو هنا هذه الإزدواجيات سوف تكون هنا أيضاً. بقدر ما يسعى المرء للخروج من مفاهيم الجسم-، ليس الخروج من الجسم ولكن من مفاهيم الجسم -- يجب على المرء تحمّل هكذا إزدواجيات. في الفصل الثاني من البهَغَفَد غيتا كرِشْنَ أبلغَ أرْجونَ أنّ إزدواجية الحزن والسعادة هي ناتجة عن الجسم فقط. إنها مثل مرض جلديّ، أو حكّة جلد. فقط لأنه هناكَ حكّة، على المرء ألّا يكونَ مجنوناً ورائها لحكّها. لا ينبغي أن نجنّ أو أن نتخلّى عن واجبنا فقط لأن البعوض يلدغنا. هناك الكثير من الإزدواجيات التي يجب على المرء تحمّلها، ولكن إذا

كان العقل ثابتاً على وعي كْرِشْنَ، كل هذه الإزدواجيات تبدو تافهة.
كيف يستطيع المرء تحمّل إزدواجيات كهذه؟

غْيانَ - ڤيغْيَانَ - تْرِپْتَآتْما
كوطَ - سْتْهُو ڤيجيتِنْدْريياه
يوكْتَ إتي اوشْياتِي يُوغيّ
سَمَ - لُوشْطْرَاشْمَ – كانْشَنَه

غْيانَ تعني المعرفة النظرية، وڤيغْيَانَ تشير إلى المعرفة العلمية. على سبيل المثال، طالب العلم عليه دراسة المفاهيم العلمية النظرية وكذلك العلوم التطبيقية. المعرفة النظرية وحدها لن تساعد. على المرء أن يكون قادراً على تطبيق هذه المعرفة أيضاً. وبالمثل، في اليوغا يجب على المرء ألّا يكونَ لديه المعرفة النظرية فقط ولكن المعرفة العملية. الفهم ببساطة "أنا لست هذا الجسد" وفي الوقت نفسه التصرّف بطريقة حمقاء لن يساعد. هناك الكثير من المجتمعات حيثُ أعضاؤها يناقشونَ بجدّية فلسفة الڤِيدانتا بينما يدخنونَ ويشربونَ ويتمتعونَ بالحياة الجنسية. إنها لن تساعد إذا كان المرء لديه معرفة نظرية فقط. فلا بدّ من إثبات هذه المعرفة. المرء الذي يفهم حقاً "إنني لست هذا الجسد " في الواقع سوف يقلّل ضرورياته الجسدية إلى أدنى حدّ. عندما يزيد المرء من مطالب الجسم في حين التفكير " أنا لست هذا الجسد"، فما فائدة هذا العلم؟ يمكن للشخص أن يكونَ راضياً فقط عندما يكون هناكَ غْيَانَ وفيغْيَانَ جنباً إلى جنب.

عندما يكون الشخص قائماً على المستوى العملي من الإدراك الروحي، فيجب الفهم أنه في الواقع قائم في اليوغا. ليس الأمر أنّ المرء ينبغي أن يواصل حضور صفوف اليوغا ومع ذلكَ يبقى هو نفسه طوال

حياته، يجب أن يكون هناك تحقيقٌ عمليٌ، وما هي علامة هذا التحقيق العملي؟ العقل سيكون هادئاً وساكناً ولا يعود مضطرباً من قبل جاذبية العالم المادي. وبالتالي الرقابة الذاتية، فالمرء لا ينجذب إلى البريق المادي، ويرى كل شيء -- الحصى، الحجارة أو الذهب على النحو نفسه. في الحضارة المادية، يتمّ إنتاج الكثير من الممتلكات الشخصية لمجرد إرضاء الحواس. يتمّ إنتاج هذه الأشياء تحت راية التقدّم المادي. من هو قائم في اليوغا يرى مثل هذه الممتلكات الشخصية وكأنها الكثير من القمامة في الشارع، علاوة على ذلك،

سوهْرِنْ - ميتْرارى - اوداسيْنَ -
مَدْهْياسْتهى - دْفِشْيا - بَنْدْهوشو
سادْهوشْفْ أَبي شَ پاپِشو
سَمَ - بودّْهيرْ ڤيشيشْياتى

هناك أنواع مختلفة من الأصدقاء. هناك سوهْرِتْ، الذي هو بطبيعته متمنٍ الخير وراغبٍ دائماً بخير المرء. ميترا يشير إلى صديق عادي، وأوداسينَ هو المرء المحايد. في هذا العالم المادي، شخص ما يمكن أنّ يكونَ متمنياً الخير لي أو صديقاً أو لا صديقاً ولا عدواً ولكن محايداً. شخص آخر قد يكون بمثابة وسيط بيني وبين أعدائي، وفي هذه الآية أنه يدعى مَدْهْيا-سْتهَى. يمكن للمرء أيضاً أن يرى شخصاً كتقيٍ وآخر كخاطيءٍ وفقاً لِحساباته الشخصيّة. ولكن عندما يكون قائماً في التجاوزيه كل هؤلاء --الأصدقاء، الإعداء أو أيا كان يزولون منَ الوجود. عندما يصبح المرء متعلّماً فعلاً، لا يرى أيّ أعداء أوأصدقاء لأنه في واقع الأمر " لا أحد عدوّي، ولا أحد صديقي، ولا أحد أبي ولا أحد أمي الخ. . " نحن كلنا ببساطة كائنات حيّة نلعب على المسرح في ثوب

الأب الأم، الأولاد، الصديق، العدو، الخاطىء والقديس، الخ. . . إنه مثل درامَ عظيمة مع الكثير من الشخصيات الذين يلعبونَ أدوارهم، ومع ذلكَ، على المسرح يمكن للشخص أن يكونَ عدواً أوأياً كان، ولكن بعيداً عن المسرح جميع الممثلين أصدقاء. وبالمثل. مع هذه الأجسام نحن نلعب على مسرح الطبيعة المادية، ونحن نعلّق تسميات كثيرة أحدنا للآخر. قد أكون أفكّر "هذا إبني " ولكن في الواقع لا أستطيع أن أنجب أي إبن. فهو غير ممكن. في أقصى درجة لا أستطيع أن أنجب سوى الجسم، فأنه ليس في وسع أيّ رجل أن يلد كائناً حياً. بمجرد الجماع الجنسي لايمكن للكائن الحيّ أن يُنجب. الكائن الحيّ يجب وضعه في إستحلاب من الإفرازات. هذا هو حكم الشْرِيَمَدْ بْهاغَفَتَم -لذلكَ جميع العلاقات المتنوعة بين الأجسام هي فقط مسرحيات كثيرة. المرء المدرك في الواقع، الذي بلغ في الواقع اليوغا، لا يعد يرى هذه اللإختلافات الجسدية.

الفصل السادس: مصير اليُّوغي غير ناجح.

ليس أنَ البْهَغَڤَدْ غيتا يرفض نظام اليوغا التأملية بل يعترف بأنها طريقة أصلية، ويشير كذلكَ إلى أنها ليست ممكنة في هذا العصر. وبالتالي يتمّ إسقاط هذا الموضوع في الفصل السادس بسرعة من قبل شْريّ كْرِشْنَ وأرْجونَ، ويسأل بعدها أرْجونَ:

اياتيه شْرَدّْهَيُّوپِتُو
يُّوغاشْ شَليتَ - مانَسَه
أَيْراپْيا يُّوغ - سَمْسيدّْهيمْ
كامْ غتيمْ كْرِشْنَ غشّْهَتي

بكلمات أخرى هو يسأل عن مصير اليُّوغي غير الناجح أو الشخص الذي يحاول تنفيذ اليوغا ولكن يتخلى عنها ولا ينجح وهو مثل الطالب الذي لم يحصل على شهادته لأنه تركَ المدرسة. في مكان آخر في الغيتا، شْريّ كْرِشْنَ يشير إلى أرْجونَ أنه من بين العديد من الرجال، القليل يسعون للكمال وفقط البعض منهم ينجح. وهكذا أرْجونَ يستفسر عمّا بعد هذا العدد الهائل من الأخفاقات: حتى إذا كان المرء لديه

إيمان ويسعى للكمال في نظام اليوغا، أرْجونَ يشير إلى أنه لا يمكنه تحقيق هذا الكمال بسبب " التفكير الدنيوي".

كَشِّينْ نُوبْهَيا - ڤِيْبْهْرَشْطَشْ
شْهيناّبْهْرَمْ إيڤَ نَشْياتي
أَپْرَتيشْطْهُو مَها - باهُو
ڤيمَوذْهُو بْرَهْمَنَه پَتْهي

عندما تمزق الريح غيمة، فأنها لا تصتلح مع بعضها مرة أخرى.

اِتَنْ مِي سَمْشَيامْ كْرِشْنَ
شْهِتّومْ أَرْهَسى أَشِشْتَه
تْڤَدْ – أَنْياه سَمْشَياسْيَاسْيا

شْهِتّا نَـ هِي أوپَپَدْياتأرْجونَ يسأل هذا السؤال حول مصير اليُّوغي غير الناجح حتى لا ييأس الناس في المستقبل. بواسطة اليُّوغي، أرْجونَ يشير إلى الهَطْهَى يُّوغي، غْيَانَ يُّوغي والبْهَكْتي يُّوغي، ليس الأمر أنّ التأمّل هو الشكل الوحيد لليوغا. المتأمّل، الفيلسوف والمكرسين لخدمة الرب كلهم يعتبرون يُّوغيينَ، أرْجونَ يسأل لكل هؤلاء الذينَ يحاولونَ أن يصبحوا يُّوغيينَ متجاوزينَ ناجحينَ. وكيف يجيبه شْريّ كْرِشْنَ؟

شْريّ - بْهَغْڤانْ اوڤاشَ
پارْتْهَى نايڤِهَى ناموتْرَ
ڤيناشَسْ تَسْيا ڤيدْياتى

نَ هِيَ كَلْيَانَ -كْرِتْ كَشْشِيدْ
دورْجَتِيمْ تاتَ جَشّهَتي

هنا، وكما هو الحال في العديد من الأماكن في جميع أنحاء الغيتا، يشار إلى شْريّ كْرِشْنَ بْهَغْفانْ. إنه إسم آخر من أسماء الرب التي لا تعد ولا تحصى ويشير إلى أنّ كْرِشْنَ يملك الثروات الست: إنه حائز على كل الجمال، كل الثروة، كل القوة، كل الشهرة، كل المعرفة وكل القدرة على التخلي. الكائنات الحيّة تشترك في هذه الثروات بدرجة محددة. المرء يمكن أن يكون مشهوراً في أسرة، في مدينة، في بلد أو على كوكب واحد، ولكن ليس من إمرئٍ مشهورٍ في الكون، مثل شْريّ كْرِشْنَ. زعماء العالم قد يكونون مشهورين لبضع سنوات فقط، ولكن الرب شْريّ كْرِشْنَ ظهر منذ خمسة آلف سنة وما زال يُعبد. لذلكَ، من يتمتع بكل هذه الثرواث الست بالكامل، يعتبر الله. في البْهَغَفَدْ غيتا يتكلّم كْرِشْنَ لأرْجونَ بصفته الشخصية الربوية العظمى، وعلى هذا النحو يجب أن يُفهم أنه لديه المعرفة الكاملة. البْهَغَفَدْ غيتا تمّ نقلها لإله الشمس. ولأرْجونَ من قبل كْرِشْنَ، ولكن لم يذكر في أي مكان أنّ البْهَغَفَدْ غيتا تمّ نقلها لكْرِشْنَ. لماذا؟ المعرفة الكاملة تعني أنه يعرف كل ما يجب معرفته، هذه هي ميزة من ميزات الله وحده. كون كْرِشْنَ عارفاً بكل شيء، أرْجونَ يضع أمامه هذا السؤال عن مصير اليُوغي غير الناجح. ليس هناك إمكانية لأرْجونَ للبحث عن الحقيقة. عليه ببساطة تلقّي الحقيقة منَ المصدر الكامل، وهذا هو نظام الخلافة المتتابعة. كْرِشْنَ هو كامل، والمعرفة التي تأتي من كْرِشْنَ هي أيضاً كاملة. إذا تلّقى أرْجونَ هذه المعرفة الكاملة، ونحن نتلقّاها من أرْجونَ كما قيلت له عندها نحن يمكننا أيضاً الحصول على المعرفة الكاملة. وما هي هذه المعرفة؟ "قال الرب المبارك: يا إبن بيْرِتْها، المتجاوز المشارك في الأنشطة الميمونة لا

يجتمع مع التدمير سواء في هذا العالم أو في العالم الروحي: المرء الذي يفعل الحسن، يا صديقي، لا يتغلّب الشر عليه أبداً (ب. غ. ٤٠ .٦٠)
هنا كْرِشْنَ يشير إلى أنّ السعي كثيراً لكمال اليوغا هو المحاولة الأكثر ميمونة. عندما المرء يحاول أن يفعل شيئاً ميموناً. فهو لا يتدهور أبداً.

في الواقع أرْجونَ يسأل سؤالاً مناسباً وذكياً جداً فإنه ليس من غير المألوف للمرء أن يسقط من منصة الخدمة التعبدية. أحياناً المكرس لخدمة الرب المبتدىء لا يحافظ على القواعد والأنظمة. في بعض الأحيان يميل إلى جميع أنواع الثمالة أو يحاصر من قبل الجاذبية الأنثوية. هذه هي العوائق على طريق كمال اليوغا. لكن شْريّ كْرِشْنَ يعطي جواباً مشجعاً، لأنه يقول لأرْجونَ أنه حتى لو زرع المرء بصدق ولو واحداً في المئة من المعرفة الروحيّة، فأنه لن يسقط أبداً في الدوامة المادية. هذا بسبب صدق جهده. يجب علينا الفهم دائماً أننا ضعفاء وأنّ الطاقة المادية قوية جداً. تبنّي الحياة الروحيّة هو أكثر أو أقل إعلان الحرب ضد الطاقة المادية. الطاقة المادية تحاول الإيقاع بالروح المشروطة قدر الإمكان، وعندما الروح المشروطة تحاول الخروج من قبضتها بواسطة التقدّم الروحي للمعرفة، الطبيعة المادية تصبح أكثر صرامةً وقوةً في جهودها لإختبار مدى صدق الروحانين الطموحين. فإنَ الطاقة المادية، أو مايا، ستقدّم عندها المزيد منَ المغريات.

في هذا الصدد، هناك قصة ڤيشڤاميترَ موني، ملك عظيم، وهو أكشاتريا، الذي تخلّى عن مملكته وبدأ في عملية اليوغا لكي يصبح أكثر تقدماً روحياً. في ذاكَ الوقت كانت عملية اليوغا التأملية ممكنة التنفيذ. ڤيشْڤاميترَ موني تأمّل بإهتمام شديد حتى أنّ إندرا، ملك السماء، لاحظه وفكّر، "هذا الرجل يحاول إحتلال منصبي". الكواكب السماوية هي أيضاً مادية، وهناك منافسة -ولا أيّ رجل أعمال يريد لرجل أعمال آخر أن يتجاوزه_ خوفاً من أن ڤيشْڤاميترَ موني يطيح به بالفعل، أرسل إندرا فتاة

واحدة من المجتمع السماوي، إسمها مِنَكا، لجذبه جنسياً. كانت مِنَكا بطبيعتها جميلةً جداً، وكانت نيّتها أن تعطّل تأملات موني. وبالفعل، أصبح مدركاً حضورها الأنثوي عند سماعه صوت سوارها، نظر فوراً من تأمّله، فرآها، وأصبح مفتوناً بجمالها. ونتيجة لذلكَ، ولدت فتاة جميلة من شَكونْتَلا خلال إقترانهما. عندما ولدت شَكونْتَلا ڤيشْڤاميترْ رثى: " أوه، أنا كنت أحاول أن أزرع المعرفة الروحيّة، ومرة أخرى وقعت في الفخ. " كانَ على وشك الفرار عندما أحضرت مِنَكا إبنته الجميلة أمامه ووبخته. وعلى الرغم من مناشدتها، ڤيشْڤاميترْ قرر المغادرة في أي حال.

وبالتالي، هناك كل فرصة للفشل على طريق اليوغا: حتى أنه يمكن لحكيمٍ كبيرٍ كڤيشْڤاميترْ موني السقوط بسبب الإغراءات المادية. على الرغم من أنَّ الموني سقط في الوقت الحالي، إلا أنه مصمم على المتابعة بنظام اليوغا، وهذا ينبغي أن يكونَ عزمنا. كْرِشْنَ يبلغنا أنّ مثل هذه الإخفاقات لا ينبغي أن تكون مدعاةً لليأس. هناكَ المثل الشهير أنّ " الفشل هو دعامة النجاح". في الحياة الروحيّة خاصةً، الفشل ليس غير مشجعٍ. كْرِشْنَ ينصّ بشكل واضح جداً، حتى إذا كانَ هناكَ فشل، لا يوجد أي خسارة سواء في هذا العالم أو في العالم التالي. المرء الذي يأخذ هذا الخط الميمون من الثقافة الروحيّة لا ينهزم تماماً. الآن ماذا يحدث في الواقع للروحاني غير الناجح؟ شْريّ كْرِشْنَ يشرح بالتحديد.

پْراپْيا پونَيا -كْرِتامْ لُوكانْ
اوشيتْبا شاشْڤَتيَه سَماها
شوشيَنامْ شْريّمَتامْ غْهِي
يُّوغ - بْهْرَشْطُو ’بْهيجاياتى
ب. غ ٦.٤١

أَتْهَفا يُوغينامْ اِفَ
كولِي بْهَفْتي دْهيَمَتامْ
اِتَدْ دْهي دورْلَبْهَتَرَمْ
لُوكِي جَنْمَ ياذْ إدْرِشَمْ
ب. غ. ٦.٤٢

هناك العديد من الكواكب في هذا الكون، وعلى الكواكب العليا هناك قدر أكبر من الراحة، ومدّة الحياة أطول، والسكان أكثر تقوية وتديّناً. حيث يقال أنّ ستة أشهر على كوكب الأرض تساوي يوماً واحداً على هذه الكواكب العاليا، واليُّوغي غير الناجح يبقى على هذه الكواكب العليا لسنوات عديدة. الأداب الڤِدية تصف حياتهم بأنها دائمة لعشرة الآف سنة لذلك، حتى ولو فشل المرء، تتم ترقيته إلى هذه الكواكب العليا. ولكن لا يمكن للمرء أن يظلّ هناكَ على الدوام. عندما ثمار المرء أو نتائجه التقيّة الميمونة تنتهي، يجب عليه العودة إلى الأرض. ولكن حتى عند عودته إلى هذا الكوكب، اليُّوغي غير الناجح يجتمع مع ظروف موّفقة، لأنه يخلق في عائلة غنية جداً أو تقيّة ميمونة.

عموماً، وفقاً لقانون الكَرْمَر، إذا كان المرء ينفّذ الأفعال التقيّة الميمونة، إنه يكافأ في الحياة القادمة عبر الولادة في عائلة أرستقراطية جداً أو عائلة ثرية جداً، أو إنه يصبح عالماً كبيراً، أو يولد جميلاً جداً. في أي حال، هؤلاء الذينَ يبدأونَ بصدق حياتهم الروحيّة، يضمنون ولادتهم كإنسان في الحياة التالية -ليس فقط ولادة بشريّة، إنما الولادة في عائلة إما تقيّة جداً أو ثريّة جداً. وهكذا المرء مع مثل هذه الولادة الجيدة، يجب أنّ يفهم أنّ ثروته هي بسبب نشاطاته التقيّة الميمونة السابقة ونعمة الله. هذه التسهيلات تعطى من قبل الرب، الذي هو دائماً على إستعداد لإعطائنا وسائل لبلوغه. كْرِشْنَ يريد ببساطة أنّ يرى

أننا صادقون. في الشْريّماد-بهاغافاتام يُذكر أنّ لكل شخص معين واجبه في الحياة، بغضّ النظر عن موقفه وبغضّ النظر عن مجتمعه. ومع ذلك، إذا تخلّى عن واجبه المحدد، وبطريقة أو بأخرى إمّا من المشاعر أو المجالسة أو الجنون أو أياً كان -أخذ مأوىً من كْرِشْنَ، وإذا، سقط من مساره التعبديّ، بسبب عدم نضوجه، ليس هناك خسارة بالنسبة له. بالرغم من كل ذلك من ناحيّة أخرى، إذا كان الشخص ينفّذ واجباته بالكامل ولكن لا يقترب من الرب، عندها ماذا يكسب؟ حياته في الواقع بدون فائدة. ولكن الشخص الذي إقترب من كْرِشْنَ في وضعٍ أفضل، على الرغم من أنه قد يسقط من منصة اليوغا.

يشير كْرِشْنَ بالإضافة، أنّ من أفضل الأسر للولادة فيها--عائلات التجار الناجحة أو الفلاسفة أو المتأملون. وأفضلها هي عائلة اليُّوغيون. المرء الذي يولد في عائلة غنية جداً قد يكون مضللاً. فمن الطبيعي للرجل الذي أعطيَ ثروات كبيرة محاولة التمتّع بهذه الثروات: وبالتالي فإنّ أبناء الرجل الغني غالباً ما يصبحونَ سكارى أو صيادي عاهرات. وبالمثل، المرء الذي يولد في عائلة ميمونة أو في عائلة البْرَهْمَنْة غالباً ما يصبح متعجرفاً كثيراً وفخوراً

بالتفكير، أنا بْرَهْمَنْ، أنا رجل ميمون، هناكَ فرصة للتدهور في كل من الأسر الغنيّة والميمونة لكن المرء الذي يولد في عائلة من اليُّوغين والمكرسين لخدمة الرب لديهم فرصة أفضل بكثير أن يزرعوا مرة أخرى الحياة الروحيّة التي سقط منها. كْرِشْنَ يقول لِأرْجونَ،

تَتْرَ تَمْ بودّْهي - سَمْيُوُّغَمْ
لَبْهَتى پاورْڤَ - دِهيكَمْ
ياتَتي ڜَ تَتُو بْهوَياه
سَمْسيدّْهاو كورو - نَنْدَنَ

بالولادة في عائلة من أولئكَ الذين ينفّذونَ اليوغا أوالخدمة التعبديّة، المرء يتذكر الأنشطة الروحيّة التي نفّذها في حياته السابقة. أي شخص يأخذ وعي كْرِشْنَ على محمل الجدّ، ليس بشخص عادي، فأنه يجب أن يكون قد أخذ نفس العملية في حياته السابقة. لماذا هذا؟

پورْڤابْهيَاسِنَ تِنايڤَ
هْرِيياتِي هِي أَڤَشُو 'پي سَه

في العالم المادي، نحن إختبرنا أننا لا نحمل ممتلكاتنا من حياة إلى أخرى. قد يكون لديّ ملايين من الدولارات في المصرف، ولكن حالما ينتهي جسمي، رصيدي المصرفيّ ينتهي أيضاً. عند الموت، الرصيد المصرفيّ لا يذهب معي، بل يظلّ في المصرف ويتمتّع به أحد أخر. هذه ليست الحالة في الثقافة الروحيّة. حتى لو نفّذ المرء كمية صغيرة جدا على المنصة الروحيّة، يأخذ معه ذلكَ إلى حياته القادمة، ويكمل مرة أخرى من تلك النقطة.

عندما يأخذ المرء هذه المعرفة التي إنقطعت، يجب أنّ يعرف أنّ عليه الآن إنهاء الرصيد وآتمام عملية اليوغا. ينبغي للمرء أن لا ينتهز فرصة الولادة الأخرى لإنهاء العملية ولكن يجب عليه إيجاد حلّ لإنهائها في هذه الحياة. ينبغي علينا أن نصمم بهذه الطريقة: "بطريقة أو بأخرى في حياتي الماضية، لم أنهِ زراعتي الروحيّة. الآن أعطاني كْرِشْنَ فرصة أخرى، لذلك يجب أن أُنهيها في هذه الحياة. " وهكذا بعد أن يترك المرء هذا الجسم لن يولد مرة ثانية في هذا العالم المادي، حيث الولادة والشيخوخة والمرض والموت منتشريّنَ في كل مكان، ولكنه سيعود الى كْرِشْنَ. المرء الذي يأخذ مأوىً تحت أقدام لوتس كْرِشْنَ يرى هذا العالم

المادي ببساطة كمكان للخطر. لمن يلتزم بالثقافة الروحيّة، هذا العالم المادي هو في الواقع غير صالح. بشْريَلَ بْهَكْتي سيدّْهانْتَ كان يقول، "هذا المكان لا يصلح لرجل نبيل. " ما إن يكون المرءُ قد إقترب من كْرِشْنَ، وقد حاول أن يتقدم روحانياً، كْرِشْنَ والذي هو قائم في القلب، يبدأ بإعطاء التوجيهات. في الغيتا، يقول شْريّ كْرِشْنَ أنه يعطي التذكّر لمن يريد أن يتذكّره، ولمن يريد أن ينساه، يسمح له أن ينسى.

الفصل السابع: اليوغا كإعادة المجالسة مع كْرِشْنَ.

لقد سمعنا عدة مرات عن نظام اليوغا. نظام اليوغا موافق عليه من قبل البْهَغَڤَدْ غيتا ولكن المقصود خصيصاً من نظام اليوغا في البْهَغَڤَدْ غيتا هو التنقية. والهدف هو ثلاثة أضعاف: للسيطرة على الحواس، لتنقية الأنشطة ولربط النفس بكْرِشْنَ في علاقة متبادلة.

ويتمّ تحقيق الحقيقة المطلقة في ثلاثة مراحل: البْرَهْمَنْ الغير الشخصي، البَرَماتْما المحلّية (الروح العليا) وفي النهاية البْهَغَڤانْ، الشخصية الربوية العليا. في التحليل النهائي الحقيقة المطلقة الأسمى هي شخص. في نفس الوقت هو الروح العليا السائدة بالكامل داخل قلوب جميع الكائنات الحيّة وفي صميم كل ذرّات، وهو البْرَهْمَ جْيُوتي، أو تألق الضوء الروحي، كذلك البْهَغَڤانْ شْريّ كْرِشْنَ هو كامل بالثراء كما الشخصية العاليا الربوية، ولكن في الوقت نفسه إنه كاملٌ بالتخلي. في العالم المادي نجد أنّ الشخص الذي لديه الكثير من الثراء لا يميل كثيراً إلى التخلي عنه، ولكن كْرِشْنَ ليس كذلك. هو يمكنه التخلي عن كل شيء والبقاء كاملاً في نفسه.

عندما نقرأ أ وندرس البْهَغَفَدْ غيتا تحت إشراف معلّم روحي أصلي، لا ينبغي أن نعتقد أن السيّد الروحي يقدّم آراءه الخاصة. فأنه ليس هو الذي يتكلم إنه مجرد أداة. المتكلم الحقيقي هو الشخصية العليا الربوية، الذي هو في الداخل والخارج على حد سواء. في بداية حديثه عن نظام اليوغا في الفصل السادس من البْهَغَفَدْ غيتا، يقول كْرِشْنَ.

أناشْريِّته كَرْمَ - پْهَلَمْ
كارْيامْ كَرْمَ كَرُوتي ياه
سَ سَنّْياسيّ شَ يُّوغيّ شَ
نَ نيرَغْنيرْ نَ شاكْريياه

الجميع يعمل ويتوقّع بعض النتائج. قد يتساءل المرء، ما هو الغرض من العمل إذا لم يُتوقع أي نتيجة؟ التعويض أو الراتب يُطلب دائماً من قبل العامل. ولكن هنا كْرِشْنَ يشير إلى أنّ المرء يمكنه العمل إنطلاقاً من الإحساس بالواجب فقط، دون أن يتوقّع نتائج أنشطته. إذا المرء عمل بهذه الطريقة، فهو في الواقع سَنّْياسَ، وهو في نظام التخلي عن الحياة.

وفقاً للثقافة الفِدية، هناكَ أربع مراحل من الحياة: بْرَهْمَشاريّ، غْرِهَسْتْهَى، ڤانَپْرَسْتْهَى وسَنّْياسَ. بْرَهْمَشاريّ هو حياة الطالب المكرس للتدربّ على الفهم الروحي. غْرِهَسْتْهَى هو حياة رب البيت المتزوج. ثم عند بلوغ السن التقريبي من الخمسين، يجوز للمرء أن يأخذ نظام ڤانَپْرَسْتْهَى -أي إنه يترك بيته وأولاده ويسافر مع زوجته إلى الأماكن المقدسة للحج. أخيراً يتخلى عن زوجته وأولاده ويبقى لوحده لزراعة وعي كْرِشْنَ. هذه المرحلة تسّمى سَنّْياسَ، أو نظام التخلي عن الحياة. ومع ذلك كْرِشْنَ يشير إلى أن التخلي ليس هو كل شيء للسَنّْياسَي. بالإضافة إلى ذلك، يجب أن يكون هناك بعضَ الواجبات. ما هو إذاً

واجب السَنّْيَاسَي الذي تخلى عن الحياة العائلية ولم تعد لديه إلتزامات مادية؟ واجبه هو أكثر مسؤولية وهو العمل من أجل كْرِشْنَ. وعلاوة على ذلك، هذا هو الواجب الحقيقي للجميع في جميع مراحل الحياة.

في حياة كل فرد هناك نوعان من الواجبات: أحدها هو خدمة الوهم، والآخر خدمة الواقع. عندما يخدم المرء الواقع، إنه سَنّْيَاسَي حقيقي وعندما يخدم الوهم، فإنه مخدوع من قبل مايا. ومع ذلكَ على المرء أن يفهم أنه في كل الظروف مجبر أن يخدم، إما يخدم الوهم أو يخدم الواقع. الوضع الدستوري للكائن الحي أن يكون خادماً وليس سيداً. قد يعتقد المرء أنه سيدٌ لكنه في الواقع خادمٌ. عندما يكن للمرء عائلة قد يفكّر أنه سيد زوجته أو أولاده أو منزله أو عمله ألخ. . . وهذا غير صحيح هو فعلاً خادم لزوجته، أولاده وعمله. يمكن إعتبار الرئيس سيد البلد، ولكن في الواقع إنه خادم البلد. موقفنا هو دائماً كخدامٍ ـخدامٍ للوهم أو خدام اللّه ـمع ذلكَ إذا بقينا خداماً للوهم، فحياتنا ضائعة. بالطبع الكل يفكّر بأنه ليس خادماً، بأنه يعمل لنفسه. على الرغم من أنّ ثمار تعبه هي عابرة ووهمية فإنها تجبره على أن يصبح خادماً للوهم أو خادماً لحواسه الشخصية. ولكن عندما المرء يوقظ حواسه التجاوزية ويصبح فعلاً في موقع المعرفة، يصبح عندها خادماً للواقع. عندما يأتي المرء إلى منصة المعرفة، يفهم أنه في كل الظروف هو خادم حيث أنَه ليس ممكناً له أن يكونَ سيداً، فهو في حال أفضل بكثير في خدمة الواقع عوضاً عن الوهم. عندما يصبح المرء مدركاً هذا، يبلغ منصة المعرفة الحقيقية. بسَنّْيَاسَ، نظام التخلي عن الحياة، نشير إلى المرء الذي أتى إلى هذه المنصة. سَنّْيَاسَ هو مسألة إدراك، وليس وضعاً إجتماعياً.

فمن واجب الجميع أن يصبح في وعي كْرِشْنَ. وأن يخدم قضية كْرِشْنَ عندما يدرك المرء ذلكَ فعلاً يصبح المَهاتْما أ والروح العظيمة. في

البْهَغَفَدْ غيتا يقول كْرِشْنَ بعد العديد من الولادات، عندما يأتي المرء إلى منصة المعرفة الحقيقية، إنه "يستسلم لي". لماذا هذا؟ ڤاسودِڤَ سَرْڤَمْ إتي إيتي (ب. غ.١٩،٧) الرجل الحكيم يدرك أن "ڤاسودِڤَ (كْرِشْنَ) هو كل شيء." ومع ذلكَ، يقول كْرِشْنَ، إنّ مثل هذه الروح العظيمة نادراً ما توجد، لماذا هذا؟ إذا فهم شخص ذكي أنّ الهدف النهائي للحياة هو الاستسلام لكْرِشْنَ، لماذا عليه أن يتردد؟ لماذا لا يستسلم على الفور؟ ما هو الهدف من الإنتظار لعدد كبير الولادات؟ عندما يأتي المرء إلى تلك النقطة من الإستسلام، يصبح سَنّْيَاسَياً حقيقياً. كْرِشْنَ لا يجبر أي شخص على الإستسلام له. الإستسلام هو نَتيجة الحب التجاوزي. حيث هناك قوة وليس هناك حرية، لا يمكن أن يكون هناك حب. عندما تحبّ الأم طفلاً، فإنها ليست مجبرة على ذلكَ، ولا تفعل ذلك لتوقّعها راتباً أو مكافأةً.

وبالمثل يمكننا أن نحب الرب العظيم في العديد من الطرق -- يمكننا أن نحبه كسيد، كصديق، كطفل أو كزوج. هناك خمسة رساس أساسية، أو علاقات، نحن مرتبطون بها بالله. عندما نكون فعلاً في المراحل المحرّرة من المعرفة، يمكننا أنّ نفهم أن علاقتنا مع الرب هي في راسا معينة. تلك المنصة تسّمى سْڤَروپ-سِيدّْهي، أو تحقيق الذات الحقيقي. الكل لديه علاقة أبديّة مع الرب إما كسيّد وخادم، كصديق وصديق، كأب وإبن، كزوج وزوجة، كحبيب ومحبوب. هذه العلاقات موجودة إلى الأبد. العملية الكاملة للإدراك الروحي والكمال الفعلي لليوغا هو إحياء وعينا لهذه العلاقة. في الوقت الحاضر علاقتنا مع الرب العظيم تنعكس بشكل مشوّه في هذا العالم المادي. في هذا العالم المادي، العلاقة بين السيد والخادم مستندة على المال، أو القوة أو الإستغلال. ليس هناك شكّ في الخدمة من خلال الحب. العلاقة بين السيد والخادم، منعكسة بشكل مشوّه، تستمر فقط طالما أنّ السيّد

يمكنه أن يدفع للخادم. وعندما يتوقّف الدفع، العلاقة أيضاً تتوقف. وبالمثل، في العالم المادي قد يكون هناك علاقة بين الأصدقاء، ولكن بمجرد وجود خلاف طفيف، تنكسر الصداقة،

. والصديق يصبح عدوّاً. عندما يكون هناك اختلاف في الرأي بين الإبن والأهل

الابن يترك المنزل، وتنقطع العلاقة. نفس الشيء مع الزوج والزوجة؛ إختلاف طفيف في الرأي، هناك طلاق.

لا توجد علاقة في هذا العالم المادي فعلية أو أبدية. يجب علينا أن نتذكرّ دائما أنّ هذه العلاقات العابرة هي ببساطة إنعكسَتْ مشوّهة من تلك العلاقة الأبدية التي لدينا مع الشخصية العظمى من الرب العالي. لدينا خبرة أن إنعكاس شيءٍ ما في الزجاج ليس حقيقياً. قد يبدو حقيقياً، ولكن عندما نذهب للمسه نجد أنّ هناك زجاج فقط. يجب علينا أن نفهم أن هذه العلاقات كصديق، كأهل، كطفل، كسيد، كخادم، كزوج، كزوجة أو كحبيب هي ببساطة فقط إنعكاسَتْ من تلك العلاقة التي لدينا مع الله. عندما نأتي إلى هذه المنصة من الفهم عندها نحن كاملين في المعرفة. عندما تأتي هذه المعرفة، نبدأ في الفهم أننا خادمٌ لكْرِشْنَ وأنه لدينا علاقة حب أبدية معه.

في علاقة الحب هذه لا شك في التعويض، ولكن بالطبع هناك تعويض، وهو أعظم بكثير من كل ما نكسبه هنا من خلال تقديم الخدمة. لا يوجد هناك حد لتعويض شْريّ كْرِشْنَ.

وفي هذا الصدد هناك قصة بَلي مَهارَجَ، ملك قوي جداً غزا عدداً كبيراً من الكواكب.

المقيمون في الكواكب السماوية ناشدوا الرب العالي لإنقاذهم، إذ أنهم كانوا قد إنغزوا من قبل الملك المتلبس بمس شيطاني، بَلي مَهارَجَ عندما سمع مناشداتهم، أخذ شْريّ كْرِشْنَ شكل صبي قزم بْرَهْمَنْ

وإقترب من بَلي مَهارَجَ قائلاً: "عزيزي الملك، أود شيئاً منك. أنت العاهل العظيم وتشتهر في الإحسان إلى البْراهْمَنَة لذلك أيمكنك إعطائي شيئاً؟ "

وقال بَلي مَهارَجَ، " سوف أعطيك ما تريد. "

"أنا ببساطة أريد أرضاً يمكنني أن أغطيها في ثلاث خطوات " قال الصبي.

"أَهُ أهذا كل شيء؟" أجاب الملك. " وماذا ستفعل بمثل هذه القطعة الصغيرة من الأرض؟"

"على الرغم من أنها قد تكون صغيرة، ستكون كافيةً لي، " إبتسم الصبي.

وافق بالي مهراجا، وقام الصبي القزم بخطوتين فغطّى الكون كله بعد ذلك سأل بالي مهراجا عن مكان قيامه بخطوته الثالثة، وبالي مهراجا، فهم أنّ الرب العظيم كان يريه صالحه، فأجاب " عزيزي الرب، الآن قد فقدت كل شيء. ليس لدي أي ممتلكات أخرى، ولكن لدي رأسي، أيمكنكَ من فضلك وضع رجلك هناك؟"

كان الرب شْريّ كْرِشْنَ مسروراً كثيراً من بالي مهراجا وسأل:" ماذا تريد مني؟" لم أتوقّع ابداً أي شيء منك" قال بالي مهراجا. " لكني أفهم أنكَ أردت شيئاً مني، وأنا الآن قدّمت لك كل شيء. "

"نعم" قال الرب، " ولكن من جانبي لدي شيء لك. أنا سأظل دائماً كخادم ينفذ الطلبات في بلاطكم. " وبهذه الطريقة أصبح الرب بواب بَلي مَهارَجَ، وكان له ذلكَ بالمقابل. إذا قدمنا شيئا للرب، يتمّ إرجاعه ملايين المرات. ولكن لا ينبغي لنا أن نتوقّع هذا. الرب دائماً حريص على إرجاع الخدمة لخدّامه. كل من يعتقد أن خدمة الرب هي في الواقع واجبه هو كامل في المعرفة وقد حقق كمال اليوغا.

الفصل الثامن: كمال اليوغا.

إنه بالتالي حقيقة أنّ في تقدّم الكائن الحي نحو كمال اليوغا، الولادة في عائلة يُوغيز أو المكرسين لخدمة الرب هو نعمة كبيرة، إذا إنّ ولادة كهذه تعطي المرء زخماً خاصاً.

پْرَياتْنادْ ياتْمانَسْ تو
يُوغيّ سَمْشودّْهَى - كيلْبيشَه
أَنِكَ - جَنْمَ - سَمْسيدّْهَسْ
تَتُو يَاتي پَرامْ غتيمْ

عندما يتم تحرير المرء أخيراً من كل التلوّث، يبلغ نظام كمال اليوغا العظيم -وعي كْرِشْنَ. الإستيعاب في كْرِشْنَ هو مرحلة الكمال، كما يؤكّد كْرِشْنَ بنفسه:

بَهوَنامْ جَنْمَنامْ أَنْتى
غْيانَڤانْ مامْ پْرَپَدْياتى

ڤاسودِڤَه سَرْڤَمْ إتي
سَـ مَهاتْما سودورْلَبْهَه

وهكذا بعد عدة أعمار من تنفيذ الأنشطة التقيّة، عندما يصبح المرء محرراً من كل التلوّث الناشئ عن الإزدواجية الوهمية، يشارك في الخدمة التجاوزية للرب. يختتم شريّ كْرِشْنَ خطابه حول هذا الموضوع بهذه الطريقة:

يُّوغينامْ أَبِي سَرْڤِشامْ
مَدْ - غَتِنانْتَراتْمَنا
شْرَدّْهاڤانْ بْهَجَتِى يُّو مامْ
سَـ مِى يوكْتَتَمُو مَتَه

وبالتالي، نستنتج أنّ ذروة جميع اليوغاز تكمن في البْهَكْتي-اليوغا، تقديم الخدمة التعبدّية لكْرِشْنَ. في الواقع كل اليوغاز التي وصفت في البْهَغَڤَدْ غيتا تنتهي على هذه المذكرة، لأنّ كْرِشْنَ هو الغاية النهائية لجميع أنظمة اليوغا. من بداية الكَرْمَ اليوغا إلى نهاية البْهَكْتي اليوغا الطريق طويل لتحقيق الذات. كَرْمَ اليوغا، دونَ نتائج مثمرة، هو بداية هذا الطريق. عندما يزداد كَرْمَ اليوغا في المعرفة والتخلّي، تسّمى هذه المرحلة غْيانَ يوغا أو يوغا المعرفة. عندما يزداد غْيانَ اليوغا في التأمل الروح الأسمى من خلال عمليات فيزيائية مختلفة، والعقل على الروح الأسمى، يسمّى أشْطانْغَ يوغا، وعندما يجتاز المرء الأشْطانْغَ اليوغاوياتي لِعبادة الشخصية الربوية العليا، كْرِشْنَ، يسمى هذا البْهَكْتي- يوغا، الذروة. في الواقع، البْهَكْتي- يوغا هو الهدف النهائي، ولكن لتحليل البْهَكْتي-اليوغا بدقة على المرء أن يفهم العمليات الأخرى. اليُّوغي

المتقدم هو بالتالي على الطريق الصحيح للحظ الجيد الأبدي. المرء الذي يتمسّك بنقطة معينة ولا يحقق المزيد من التقدّم يسمّى بهذا الإسم الخاص-الكرمة يُوغي، غْيَانَ يُوغي، دهيانا يُوغي، راجَ -يُوغي، هَطْهَى يُوغي، وما إلى ذلك، ولكن إذا كان المرء محظوظاً بما فيه الكفاية للوصول إلى نقطة البْهَكْتي- يوغا، وعي كْرِشْنَ، يجب أن يُفهم أنه قد تجاوز جميع أنظمة اليوغا الأخرى.

وعي كْرِشْنَ هو الحلقة الأخيرة في سلسلة اليوغا، الحلقة الذي تربطنا بالشخص الأسمى، الرب شْريّ كْرِشْنَ. دون هذه الحلقة النهائية، السلسلة عديمة الفائدة عملياً. أولئك الذين يهتمّون حقاً في عملية كمال اليوغا ينبغي أن يتخذوا على الفور وعي كْرِشْنَ من خلال هتاف هَري كْرِشْنَ، فهم البْهَغَفَدْ غيتا، وتقديم الخدمة لِكْرِشْنَ من خلال هذا المجتمع لِوعي كْرِشْنَ وبالتالي يتجاوزون كل الأنظمة الأخرى، ويحقيقون الهدف النهائي من كل اليوغا -حب كْرِشْنَ.

مراكز في جميع أنحاء العالم

CANADA

Brampton-Mississauga, Ontario — Unit 20, 1030 Kamato Dr., L4W 4B6/Tel. (416) 840-6587 or (905) 826-1290/ iskconbrampton@gmail.com

Calgary, Alberta — 313 Fourth St. N.E., T2E 3S3/ Tel. (403) 265-3302/ Fax: (403) 547-0795/ vamanstones@shaw.ca

Edmonton, Alberta — 9353 35th Ave. NW, T6E 5R5/ Tel. (780) 439-9999/ harekrishna.edmonton@gmail.com

Montreal, Quebec — 1626 Pie IX Blvd., H1V 2C5/ Tel. & fax: (514) 521-1301/ iskconmontreal@gmail.com

✦ Ottawa, Ontario — 212 Somerset St. E., K1N 6V4/ Tel. (613) 565-6544/ Fax: (613) 565-2575/ iskconottawa@sympatico.ca

Regina, Saskatchewan — 1279 Retallack St., S4T 2H8/ Tel. (306) 525-0002 or -6461/jagadishadas@ yahoo.com

Toronto, Ontario — 243 Avenue Rd., M5R 2J6/ Tel. (416) 922-5415/ Fax: (416) 922-1021/ toronto@ iskcon.net

Vancouver, B.C. — 5462 S.E. Marine Dr., Burnaby V5J 3G8/ Tel. (604) 433-9728/ Fax: (604) 648-8715/ akrura@krishna.com; Govinda's Bookstore & Cafe/ Tel. (604) 433-7100 or 1-888-433-8722

RURAL COMMUNITY

Ashcroft, B.C. — Saranagati Dhama, Venables Valley (mail: P.O. Box 99, VOK 1A0)/ Tel. (250) 457-7438/Fax: (250) 453-9306/ iskconsaranagati@hotmail.com

U.S.A.

Atlanta, Georgia — 1287 South Ponce de Leon Ave. N.E., 30306/ Tel. & fax: (404) 377-8680/ admin@ atlantaharekrishnas.com

Austin, Texas — 10700 Jonwood Way, 78753/ Tel. (512) 835-2121/ Fax: (512) 835-8479/ sda@ backtohome.com

Baltimore, Maryland — 200 Bloomsbury Ave., Catonsville, 21228/ Tel. (410) 719-1776/ Fax: (410) 799-0642/ info@baltimorekrishna.com

Berkeley, California — 2334 Stuart St., 94705/

Tel. (510) 649-8619/ Fax: (510) 665-9366/ rajan416@ yahoo.com

Boise, Idaho — 1615 Martha St., 83706/ Tel. (208) 344-4274/ boise_temple@yahoo.com

Boston, Massachusetts — 72 Commonwealth Ave., 02116/ Tel. (617) 247-8611/ Fax: (617) 909-5181/ darukrishna@iskconboston.org

Chicago, Illinois — 1716 W. Lunt Ave., 60626/ Tel. (773) 973-0900/ Fax: (773) 973-0526/ chicagoiskcon@ yahoo.com

Columbus, Ohio — 379 W. Eighth Ave., 43201/ Tel. (614) 421-1661/ Fax: (614) 294-0545/ rmanjari@ sbcglobal.net

✦ Dallas, Texas — 5430 Gurley Ave., 75223/ Tel. (214) 827-6330/ Fax: (214) 823-7264/ txkrishnas@aol. com; restaurant: vegetariantaste@aol.com

✦ Denver, Colorado — 1400 Cherry St., 80220/ Tel. (303) 333-5461/ Fax: (303) 321-9052/ info@ krishnadenver.com

Detroit, Michigan — 383 Lenox Ave., 48215/ Tel. (313) 824-6000/ gaurangi108@hotmail.com

Gainesville, Florida — 214 N.W. 14th St., 32603/ Tel. (352) 336-4183/ Fax: (352) 379-2927/ kalakantha. acbsp@pamho.net

Hartford, Connecticut — 1683 Main St., E. Hartford 06108/ Tel. & fax: (860) 289-7252/ pyari@ sbcglobal.net

✦ Honolulu, Hawaii — 51 Coelho Way, 96817/ Tel. (808) 595-4913/ rama108@bigfoot.com

Houston, Texas — 1320 W. 34th St., 77018/ Tel. (713) 686-4482/ Fax: (713) 956-9968/ management@ iskconhouston.org

Kansas City, Missouri — 5201 Paseo Blvd./ Tel. (816) 924-5619/ Fax: (816) 924-5640/ rvc@rvc.edu

Laguna Beach, California — 285 Legion St., 92651/ Tel. (949) 494-7029/ info@lagunatemple.com

Las Vegas, Nevada — Govinda's Center of Vedic India, 6380 S. Eastern Ave., Suite 8, 89120/ Tel. (702) 434-8332/ info@govindascenter.com

✦ Los Angeles, California — 3764 Watseka Ave., 90034/ Tel. (310) 836-2676/ Fax: (310) 839-2715/ membership@harekrishnala.com

---

✦ Temples with restaurants or dining

◆ **Miami, Florida** — 3220 Virginia St., 33133 (mail: 3109 Grand Ave. #491, Coconut Grove, FL 33133)/ Tel. (305) 442-7218/ devotionalservice@iskcon-miami.org

New Orleans, Louisiana — 2936 Esplanade Ave., 70119/ Tel. (504) 304-0032 (office) or (504) 638-3244/ iskcon.new.orleans@pamho.net

◆ **New York, New York** — 305 Schermerhorn St., Brooklyn 11217/ Tel. (718) 855-6714/ Fax: (718) 875-6127/ ramabhadra@aol.com

New York, New York — 26 Second Ave., 10003/ Tel. (212) 253-6182/ krishnanyc@gmail.com

Orlando, Florida — 2651 Rouse Rd., 32817/ Tel. (407) 257-3865

Philadelphia, Pennsylvania — 41 West Allens Lane, 19119/ Tel. (215) 247-4600/ Fax: (215) 247-8702/ savecows@aol.com

◆ **Philadelphia, Pennsylvania** — 1408 South St., 19146/ Tel. (215) 985-9303/ savecows@aol.com

Phoenix, Arizona — 100 S. Weber Dr., Chandler, 85226/ Tel. (480) 705-4900/ Fax: (480) 705-4901/ svgd108@yahoo.com

Portland, Oregon — 2095 NW Aloclock Dr., Suites 1107 & 1109, Hillsboro 97124/ Tel. (503) 439-9117/ info@iskconportland.com

St. Augustine, Florida — 3001 First St., 32084/ Tel. & fax: (904) 819-0221/ vasudeva108@gmail.com

◆ **St. Louis, Missouri** — 3926 Lindell Blvd., 63108/ Tel. (314) 535-8085 or 534-1708/ Fax: (314) 535-0672/ rpsdas@gmail.com

San Antonio, Texas — 6772 Oxford Trace, 78240/ Tel. (210) 401-6576/ aadasa@gmail.com

◆ **San Diego, California** — 1030 Grand Ave., Pacific Beach 92109/ Tel. (310) 895-0104/ Fax: (858) 483-0941/ krishna.sandiego@gmail.com

San Jose, California — 951 S. Bascom Ave., 95128/ Tel. (408) 293-4959/ iskconsanjose@yahoo.com

Seattle, Washington — 1420 228th Ave. S.E., Sammamish 98075/ Tel. (425) 246-8436/ Fax: (425) 868-8928/ info@vedicculturalcenter.org

◆ **Spanish Fork, Utah** — Krishna Temple Project & KHQN Radio, 8628 S. State Rd., 84660/ Tel. (801) 798-3559/ Fax: (810) 798-9121/ carudas@earthlink.net

Tallahassee, Florida — 1323 Nylic St., 32304/ Tel. & fax: (850) 224-3803/ darudb@hotmail.com

Towaco, New Jersey — 100 Jacksonville Rd. (mail: P.O. Box 109), 07082/ Tel. & fax: (973) 299-0970/ newjersey@iskcon.net

◆ **Tucson, Arizona** — 711 E. Blacklidge Dr., 85719/ Tel. (520) 792-0630/ Fax: (520) 791-0906/ tucphx@cs.com

Washington, D.C. — 10310 Oaklyn Dr., Potomac,

Maryland 20854/ Tel. (301) 299-2100/ Fax: (301) 299-5025/ ad@pamho.net

RURAL COMMUNITIES

◆ **Alachua, Florida (New Raman Reti)** — 17306 N.W. 112th Blvd., 32615 (mail: P.O. Box 819, 32616)/ Tel. (386) 462-2017/ Fax: (386) 462-2641/ alachuatemple@gmail.com

Carriere, Mississippi (New Talavan) — 31492 Anner Road, 39426/ Tel. (601) 749-9460 or 799-1354/ Fax: (601) 799-2924/ talavan@hughes.net

Gurabo, Puerto Rico (New Govardhana Hill) — Carr. 181, Km. 16.3, Bo. Santa Rita, Gurabo (mail: HC-01, Box 8440, Gurabo, PR 00778)/ Tel. (787) 367-3530 or (787) 737-1722/ manonath@gmail.com

Hillsborough, North Carolina (New Goloka) — 1032 Dimmocks Mill Rd., 27278/ Tel. (919) 732-6492/ bkgoswami@earthlink.net

Moundsville, West Virginia (New Vrindaban) — R.D. No. 1, Box 319, Hare Krishna Ridge, 26041/ Tel. (304) 843-1600; Visitors, (304) 845-5905/ Fax: (304) 845-0023/ mail@newvrindaban.com

Mulberry, Tennessee (Murari-sevaka) — 532 Murari Lane, 37359 (mail: P.O. Box 108, Lynchburg, TN 37352)/ Tel. (931) 227-6156/ Tel. & fax: (931) 759-6888/ murari_sevaka@gmail.com

Port Royal, Pennsylvania (Gita Nagari) — 534 Gita Nagari Rd./ Tel. (717) 527-4101/ kaulinidasi@hotmail.com

Sandy Ridge, North Carolina — Prabhupada Village, 1283 Prabhupada Rd., 27046/ Tel. (336) 593-9888/ madanmohanmohinni@yahoo.com

ADDITIONAL RESTAURANTS

Hato Rey, Puerto Rico — Tamal Krishna's Veggie Garden, 131 Eleanor Roosevelt, 00918/ Tel. (787) 754-6959/ Fax: (787) 756-7769/ tkveggiegarden@aol.com

Seattle, Washington — My Sweet Lord, 5521 University Way, 98105/ Tel. (425) 643-4664

UNITED KINGDOM AND IRELAND

Belfast, Northern Ireland — Brooklands, 140 Upper Dunmurray Lane, BT17 OHE/ Tel. +44 (28) 9062 0530

Birmingham, England — 84 Stanmore Rd., Edgbaston B16 9TB/ Tel. +44 (121) 420 4999/ birmingham@iskcon.org.uk

Cardiff, Wales — The Soul Centre, 116 Cowbridge Rd., East Canton CF11 9DX/ Tel. +44 (29) 2039 0391/ the.soul.centre@pamho.net

Coventry, England — Kingfield Rd., Coventry (mail: 19 Gloucester St., Coventry CV1 3BZ)/ Tel. +44 (24) 7655 2822 or 5420/ haridas.kds@pamho.net

◆ **Dublin, Ireland** — 83 Middle Abbey St., Dublin 1/

Tel. +353 (1) 661 5095/ dublin@krishna.ie; Govinda's: info@govindas.ie

Lesmahagow, Scotland — Karuna Bhavan, Bankhouse Rd., Lesmahagow, Lanarkshire, ML11 0ES/ Tel. +44 (1555) 894790/ Fax: +44 (1555) 894526/ karunabhavan@aol.com

Leicester, England — 21 Thoresby St., North Evington, LE5 4GU/ Tel. +44 (116) 276 2587/ pradyumna.jas@pamho.net

♦ **London, England (city)** — 10 Soho St., W1D 3DL/ Tel. +44 (20) 7437-3662; residential /pujaris, 7439-3606; shop, 7287-0269; Govinda's Restaurant, 7437-4928/ Fax: +44 (20) 7439-1127/ london@ pamho.net

♦ **London, England (country)** — Bhaktivedanta Manor, Dharam Marg, Hilfield Lane, Watford, Herts, WD25 8EZ/ Tel. +44 (1923) 851000/ Fax: +44 (1923) 851006/ info@krishnatemple.com; Guesthouse: bmguesthouse@krishna.com

London, England (south) — 42 Enmore Road, South Norwood, SE25 5NG/ Tel. +44 7988857530/ krishnaprema89@hotmail.com

London, England (Kings Cross) — 102 Caledonain Rd., Kings Cross, Islington, N1 9DN/ Tel. +44 (20) 7168 5732/ foodforalluk@aol.com

Manchester, England — 20 Mayfield Rd., Whalley Range, M16 8FT/ Tel. +44 (161) 226 4416/ contact@ iskconmanchester.com

Newcastle-upon-Tyne, England — 304 Westgate Rd., NE4 6AR/ Tel. +44 (191) 272 1911

♦ **Swansea, Wales** — 8 Craddock St., SA1 3EN/ Tel. +44 (1792) 468469/ iskcon.swansea@pamho.net (restaurant: govindas@hotmail.com)

RURAL COMMUNITIES

Upper Lough Erne, Northern Ireland — Govindadwipa Dhama, Inisrath Island, Derrylin, Co. Fermanagh, BT92 9GN/ Tel. +44 (28) 6772 1512/ govindadwipa@pamho.net

London, England — (contact Bhaktivedanta Manor) Programs are held regularly in more than forty other cities in the UK. For information, contact ISKCON Reader Services, P.O. Box 730, Watford WD25 8EZ, UK; www.iskcon.org.uk

ADDITIONAL RESTAURANTS

Dublin, Ireland — Govinda's, 4 Aungier St., Dublin 2/ Tel. +353 (1) 475 0309/ Fax: +353 (1) 478 6204/ info@govindas.ie

Dublin, Ireland — Govinda's, 18 Merrion Row, Dublin 2/ Tel. +353 (1) 661 5095/ praghosa.sdg@ pamho.net

AUSTRALASIA
AUSTRALIA

Adelaide — 25 Le Hunte St. (mail: P.O. Box 114, Kilburn, SA 5084)/ Tel. & fax: +61 (8) 8359-5120/ iskconsa@tpg.com.au

Brisbane — 95 Bank Rd., Graceville (mail: P.O. Box 83, Indooroopilly), QLD 4068/ Tel. +61 (7) 3379-5455/ Fax: +61 (7) 3379-5880/ brisbane@iskcon.com.au

Canberra — 1 Quick St., Ainslie, ACT 2602 (mail: P.O. Box 1411, Canberra, ACT 2601)/ Tel. & fax: +61 (2) 6262-6208/ iskcon@harekrishnacanberra.com

Melbourne — 197 Danks St. (mail: P.O. Box 125), Albert Park, VIC 3206/ Tel. +61 (3) 9699-5122/ Fax: +61 (3) 9690-4093/ melbourne@pamho.net

Newcastle — 28 Bull St., Mayfield, NSW 2304/ Tel. +61 (2) 4967-7000/ iskcon_newcastle@yahoo.com.au

Perth — 155–159 Canning Rd., Kalamunda (mail: P.O. Box 201 Kalamunda 6076)/ Tel. +61 (8) 6293-1519/ perth@pamho.net

Sydney — 180 Falcon St., North Sydney, NSW 2060 (mail: P.O. Box 459, Cammeray, NSW 2062)/ Tel. +61 (2) 9959-4558/ Fax: +61 (2) 9957-1893/ admin@ iskcon.com.au

Sydney — Govinda's Yoga & Meditation Centre, 112 Darlinghurst Rd., Darlinghurst NSW 2010 (mail: P.O. Box 174, Kings Cross 1340)/ Tel. +61 (2) 9380-5162/ Fax: +61 (2) 9360-1736/ sita@govindas.com.au

RURAL COMMUNITIES

Bambra, VIC (New Nandagram) — 50 Seaches Outlet, off 1265 Winchelsea Deans Marsh Rd., Bambra VIC 3241/ Tel. +61 (3) 5288-7383

Cessnock, NSW (New Gokula) — Lewis Lane (Off Mount View Road, Millfield, near Cessnock [mail: P.O. Box 399, Cessnock, NSW 2325])/ Tel. +61 (2) 4998-1800/ Fax: (Sydney temple)/ iskconfarm@mac.com

Murwillumbah, NSW (New Govardhana) — Tyalgum Rd., Eungella (mail: P.O. Box 687), NSW 2484/ Tel. +61 (2) 6672-6579/ Fax: +61 (2) 6672-5498/ ajita@in.com.au

RESTAURANTS

Brisbane — Govinda's, 99 Elizabeth St., 1st Floor, QLD 4000/ Tel. +61 (7) 3210-0255

Brisbane — Krishna's Cafe, 1st Floor, 82 Vulture St., W. End, QLD 4000/ brisbane@pamho.net

Burleigh Heads — Govindas, 20 James St., Burleigh Heads, QLD 4220/ Tel. +61 (7) 5607-0782/ ajita@ in.com.au

Cairns — Gaura Nitai's, 55 Spence St., Cairns, QLD/ Tel. +61 (7) 4031-2255 or (425) 725 901/ Fax: +61 (7) 4031 2256/ gauranitais@in.com.au

Maroochydore — Govinda's Vegetarian Cafe, 2/7 First Ave., QLD 4558/ Tel. +61 (7) 5451-0299
Melbourne — Crossways, 1st Floor, 123 Swanston St., VIC 3000/ Tel. +61 (3) 9650-2939
Melbourne — Gopal's, 139 Swanston St., VIC 3000/ Tel. +61 (3) 9650-1578
Newcastle — Govinda's Vegetarian Cafe, 110 King St., corner of King & Wolf Streets, NSW 2300/ Tel. +61 (2) 4929-6900 / info@govindascafe.com.au
Perth — Hare Krishna Food for Life, 200 William St., Northbridge, WA 6003/ Tel. +61 (8) 9227-1684/ iskconperth@optusnet.com.au

NEW ZEALAND AND FIJI

Auckland, NZ — The Loft, 1st Floor, 103 Beach Rd./ Tel. +64 (9) 3797301
Christchurch, NZ — 83 Bealey Ave. (mail: P.O. Box 25-190)/ Tel. +64 (3) 366-5174/ Fax: +64 (3) 366-1965/ iskconchch@clear.net.nz
Hamilton, NZ — 188 Maui St., RD 8, Te Rapa/ Tel. +64 (7) 850-5108/ rmaster@wave.co.nz
Labasa, Fiji — Delailabasa (mail: P.O. Box 133)/ Tel. +679 812912
Lautoka, Fiji — 5 Tavewa Ave. (mail: P.O. Box 125)/ Tel. +679 666 4112/ regprakash@excite.com
Nausori, Fiji — Hare Krishna Cultural Centre, 2nd Floor, Shop & Save Building 11 Gulam Nadi St., Nausori Town (mail: P.O. Box 2183, Govt. Bldgs., Suva)/ Tel. +679 9969748 or 3475097/ Fax: +679 3477436/ vdas@frca.org.fj
Rakiraki, Fiji — Rewasa (mail: P.O. Box 204)/ Tel. +679 694243
Sigatoka, Fiji — Queens Rd., Olosara (mail: P.O. Box 1020)/ Tel. +679 6520866 or 6500349/ drgsmarna@connect.com.fj
Suva, Fiji — 166 Brewster St. (mail: P.O. Box 4229, Samabula)/ Tel. +679 331 8441/ Fax: +679 3100016/ iskconsuva@connect.com.fj
Wellington, NZ — 105 Newlands Rd., Newlands/ Tel. +64 (4) 478-4108/ info@iskconwellington.org.nz
Wellington, NZ — Gaura Yoga Centre, 1st Floor, 175 Vivian St. (mail: P.O. Box 6271, Marion Square)/ Tel. +64 (4) 801-5500/ yoga@gaurayoga.co.nz

RURAL COMMUNITY

Auckland, NZ (New Varshan) — Hwy. 28, Riverhead, next to Huapai Golf Course (mail: R.D. 2, Kumeu)/ Tel. +64 (9) 412-8075/ Fax: +64 (9) 412-7130

RESTAURANTS

Auckland, NZ — Hare Krishna Food for Life, 268 Karangahape Rd./ Tel. +64 (9) 300-7585
Labasa, Fiji — Hare Krishna Restaurant, Naseakula Road/ Tel. +679 811364

Lautoka, Fiji — Gopal's, Corner of Yasawa Street and Naviti Street/ Tel. +679 662990
Suva, Fiji — Hare Krishna Vegetarian Restaurant, Dolphins FNPF Place, Victoria Parade/ Tel. +679 314154/ vdas@govnet.gov.fj
Suva, Fiji — Hare Krishna Vegetarian Restaurant, Opposite University of the South Pacific, Laucala Bay Rd./ Tel. +679 311683/ vdas@govnet.gov.fj
Suva, Fiji — Hare Krishna Vegetarian Restaurant, 18 Pratt St./ Tel. +679 314154
Suva, Fiji — Hare Krishna Vegetarian Restaurant, 82 Ratu Mara Rd., Samabula/ Tel. +679 386333
Suva, Fiji — Hare Krishna Vegetarian Restaurant, Terry Walk, Cumming St./ Tel. +679 312295
Wellington, NZ — Higher Taste Hare Krishna Restaurant, Old Bank Arcade, Ground Flr., Corner Customhouse, Quay & Hunter St., Wellington/ Tel. +64 (4) 472-2233/ Fax: (4) 472-2234/ highertaste@iskconwellington.orgorg.nz

INDIA (partial list)*

Ahmedabad, Gujarat — Satellite Rd., Gandhinagar Highway Crossing, 380 054/ Tel. (079) 686-1945, -1645, or -2350/ jasomatinandan.acbsp@pamho.net
Allahabad, UP — Hare Krishna Dham, 161 Kashi Raj Nagar, Baluaghat 211 003/ Tel. (0532) 415294
Amritsar, Punjab — Chowk Moni Bazar, Laxmansar, 143 001/ Tel. (0183) 2540177
Bangalore, Karnataka — Hare Krishna Hill, Chord Rd., 560 010/ Tel. (080) 23471956 or 23578346/ Fax: (080) 23578625/ manjunath36@iskconbangalore.org
Bangalore, Karnataka — ISKCON Sri Jagannath Mandir, No.5 Sripuram, 1st cross, Sheshadripuram, Bangalore 560 020/ Tel. (080) 3536867 or 2262024 or 3530102
Baroda, Gujarat — Hare Krishna Land, Gotri Rd., 390 021/ Tel. (0265) 2310630 or 2331012/ iskcon.baroda@pamho.net
◆ **Bhubaneswar, Orissa** — N.H. No. 5, IRC Village, 751 015/ Tel. (0674) 2553517, 2553475, or 2554283
Chandigarh, Punjab — Hare Krishna Dham, Sector 36-B, 160 036/ Tel. (0172) 601590 or 603232/ iskcon.chandigarh@pamho.net
Chennai (Madras), TN — Hare Krishna Land, Bhaktivedanta Swami Road, Off ECR Road, Injambakkam, Chennai 600 041/ Tel. (044) 5019303 or 5019147/ iskconchennai@eth.net
◆ **Coimbatore, TN** — Jagannath Mandir, Hare Krishna Land, Aerodrome P.O., Opp. CIT, 641 014/ Tel. (0422) 2626509 or 2626508/ info@iskcon-coimbatore.org

Dwarka, Gujarat — Bharatiya Bhavan, Devi Bhavan Rd., 361 335/ Tel. (02892) 34606/ Fax: (02892) 34319

Guwahati, Assam — Ulubari Chariali, South Sarania, 781 007/ Tel. (0361) 2525963/ iskcon. guwahati@pamho.net

Haridwar, Uttaranchal — Prabhupada Ashram, G. House, Nai Basti, Mahadev Nagar, Bhimgoda/ Tel. (01334) 260818

Hyderabad, AP — Hare Krishna Land, Nampally Station Rd., 500 001/ Tel. (040) 24744969 or 24607089/ iskcon.hyderabad@pamho.net

Imphal, Manipur — Hare Krishna Land, Airport Rd., 795 001/ Tel. (0385) 2455245 or 2455247 or 2455693/ manimandir@sancharnet.in

Indore, MP — ISKCON, Nipania, Indore/ Tel. 9300474043/ mahaman.acbsp@pamho.net

Jaipur, Rajasthan — ISKCON Road, Opp. Vijay Path, Mansarovar, Jaipur 302 020 (mail: ISKCON, 84/230, Sant Namdev Marg, Opp. K.V. No. 5, Mansarovar, Jaipur 302 020)/ Tel. (0414) 2782765 or 2781860/ jaipur@ parnho.net

Jammu, J&K — Srila Prabhupada Ashram, c/o Shankar Charitable Trust, Shakti Nagar, Near AG Office/ Tel. (01991) 233047

Kolkata (Calcutta), WB — 3C Albert Rd., 700 017 (behind Minto Park, opp. Birla High School)/ Tel. (033) 3028-9258 or -9280/ iskcon.calcutta@parnho.net

* **Kurukshetra, Haryana** — 369 Gudri Muhalla, Main Bazaar, 132 118/ Tel. (01744) 234806

Lucknow, UP — 1 Ashok Nagar, Guru Govind Singh Marg, 226 018/ Tel. (0522) 223556 or 271551

* **Mayapur, WB** — ISKCON, Shree Mayapur Chandrodaya Mandir, Shree Mayapur Dham, Dist. Nadia, 741 313/ Tel. (03472) 245239, 245240, or 245233/ Fax: (03472) 245238/ mayapur.chandrodaya@ pamho.net

* **Mumbai (Bombay), Maharashtra** — Hare Krishna Land, Juhu 400 049/ Tel. (022) 26206860/ Fax: (022) 26205214/ info@iskconmumbai.com; guest. house.bombay@pamho.net

* **Mumbai, Maharashtra** — 7 K. M. Munshi Marg, Chowpatty 400 007 / Tel. (022) 23665500/ Fax: (022) 23665555/ info@radhagopinath.com

Mumbai, Maharashtra — Shristhi Complex, Mira Rd. (E), opposite Royal College, Dist. Thane, 401 107/ Tel. (022) 28454667 or 28454672/ Fax: (022) 28454981/ jagjivan.gkg@pamho.net

Mysore, Karnataka — #31, 18th Cross, Jayanagar, 570 014/ Tel. (0821) 2500582 or 6567333/ mysore. iskcon@gmail.com

Nellore, AP — ISKCON City, Hare Krishna Rd.,

524 004/ Tel. (0861) 2314577 or (092155) 36589/ sukadevaswami@gmail.com

* **New Delhi, UP** — Hare Krishna Hill, Sant Nagar Main Road, East of Kailash, 110 065/ Tel. (011) 2623-5133, 4, 5, 6, 7/ Fax: (011) 2621-5421/ delhi@pamho. net; (Guesthouse) neel.sunder@pamho.net

* **New Delhi, UP** — 41/77, Punjabi Bagh (West), 110 026/ Tel. (011) 25222851 or 25227478 Noida, UP — A-5, Sector 33, opp. NTPC office, Noida 201 301/ Tel. (0120) 2506211/ vraja.bhakti.vilas.lok@pamho.net

Patna, Bihar — Arya Kumar Rd., Rajendra Nagar, 800 016/ Tel. (0612) 687637 or 685081/ Fax: (0612) 687635/ krishna.kripa.jps@pamho.net

Pune, Maharashtra — 4 Tarapoor Rd., Camp, 411 001/ Tel. (020) 26332328 or 26361855/ iyfpune@ vsnl.com

Puri, Orissa — Bhakti Kuti, Swargadwar, 752 001/ Tel. (06752) 231440

Raipur, Chhatisgarh — Hare Krishna Land, Alopi Nagar, Opposite Maharshi Vidyalaya, Tatibandh, Raipur 492 001/ Tel. (0771) 5037555/ iskconraipur@ yahoo.com

Secunderabad, AP — 27 St. John's Rd., 500 026/ Tel. (040) 780-5232/ Fax: (040) 814021

Silchar, Assam — Ambikapatti, Silchar, Dist. Cachar, 788 004/ Tel. (03842) 34615

Sri Rangam, TN — 103 Amma Mandapam Rd., Sri Rangam, Trichy 620 006/ Tel. (0431) 2433945/ iskcon_srirangam@yahoo.com.in

Surat, Gujarat — Rander Rd., Jahangirpura, 395 005/ Tel. (0261) 765891, 765516, or 773386/ surat@ pamho.net

* **Thiruvananthapuram (Trivandrum), Kerala** — Hospital Rd., Thycaud, 695 014/ Tel. (0471) 2328197/ jsdasa@yahoo.co.in

* **Tirupati, AP** — K.T. Rd., Vinayaka Nagar, 517 507/ Tel. (0877) 2230114 or 2230009/ revati.raman.jps@ pamho.net (guesthouse: iskcon_ashram@yahoo.co.in)

Udhampur, J&K — Srila Prabhupada Ashram, Srila Prabhupada Marg, Srila Prabhupada Nagar 182 101/ Tel. (01992) 270298/ info@iskconudhampur.com

Ujjain, MP — Hare Krishna Land, Bharatpuri, 456 010/ Tel. (0734) 2535000 or 3205000/ Fax: (0734) 2536000/ iskcon.ujjain@pamho.net

Varanasi, UP — ISKCON, B 27/80 Durgakund Rd., Near Durgakund Police Station, Varanasi 221 010/ Tel. (0542) 246422 or 222617

* **Vrindavan, UP** — Krishna-Balaram Mandir, Bhaktivedanta Swami Marg, Raman Reti, Mathura Dist., 281 124/ Tel. & Fax: (0565) 2540728/ iskcon. vrindavan@pamho.net; (Guesthouse:) Tel. (0565)

2540022; ramamani@sancharnet.in

ADDITIONAL RESTAURANT

Kolkata, WB — Govinda's, ISKCON House, 22 Gurusaday Rd., 700 019/ Tel. (033) 24756922, 24749009

EUROPE (partial list)*

Amsterdam — Van Hilligaertstraat 17, 1072 JX/ Tel. +31 (020) 675-1404 or -1694/ Fax: +31 (020) 675-1405/ amsterdam@pamho.net

Barcelona — Plaza Reial 12, Entlo 2, 08002/ Tel. +34 93 302-5194/ templobcn@hotmail.com

Bergamo, Italy — Villaggio Hare Krishna (da Medolago strada per Terno d'Isola), 24040 Chignolo d'Isola (BG)/ Tel. +39 (035) 4940706

Budapest — Lehel Street 15–17, 1039 Budapest/ Tel. +36 (01) 391-0435/ Fax: (01) 397-5219/ nai@pamho.net

Copenhagen — Skjulhoj Alle 44, 2720 Vanlose, Copenhagen/ Tel. +45 4828 6446/ Fax: +45 4828 7331/ iskcon.denmark@pamho.net

Grödinge, Sweden — Radha-Krishna Temple, Korsnäs Gård, 14792 Grödinge, Tel.+46 (08) 53029800/ Fax: +46 (08) 53025062 / bmd@pamho.net

Helsinki — Ruoholahdenkatu 24 D (III krs) 00180/ Tel. +358 (9) 694-9879 or -9837

♦ Lisbon — Rua Dona Estefânia, 91 R/C 1000 Lisboa/ Tel. & fax: +351(01) 314-0314 or 352-0038

Madrid — Espíritu Santo 19, 28004 Madrid/ Tel. +34 91 521-3096

Paris — 35 Rue Docteur Jean Vaquier, 93160 Noisy le Grand/ Tel. & fax: +33 (01) 4303-0951/ param.gati.swami@pamho.net

Prague — Jilova 290, Prague 5 - Zlicin 155 21/ Tel. +42 (02) 5795-0391/ info@harekrsna.cz

♦ Radhadesh, Belgium — Chateau de Petite Somme, 6940 Septon-Durbuy/ Tel. +32 (086) 322926 (restaurant: 321421)/ Fax: +32 (086) 322929/ radhadesh@pamho.net

♦ Rome — Govinda Centro Hare Krsna, via di Santa Maria del Pianto 16, 00186/ Tel. +39 (06) 68891540/ govinda.roma@harekrsna.it

♦ Stockholm — Fridhemsgatan 22, 11240/ Tel. +46 (08) 654-9002/ Fax: +46 (08) 650-881; Restaurant: Tel. & fax: +46 (08) 654-9004/ lokanatha@hotmail.com

Warsaw — Mysiadlo k. Warszawy, 05-500 Piaseczno, ul. Zakret 11/ Tel. +48 (022) 750-7797 or -8247/ Fax: +48 (022) 750-8249/ kryszna@post.pl

Zürich — Bergstrasse 54, 8030/ Tel. +41 (01) 262-3388/ Fax: +41 (01) 262-3114/ kgs@pamho.net

RURAL COMMUNITIES

France (La Nouvelle Mayapura) — Domaine d'Oublaisse, 36360, Lucay le Mâle/ Tel. +33 (02) 5440-2395/ Fax: +33 (02) 5440-2823/ oublaise@free.fr

Germany (Simhachalam) — Zielberg 20, 94118 Jandelsbrunn/ Tel. +49 (08583) 316/ info@simhachalam.de

Hungary (New Vraja-dhama) — Krisna-völgy, 8699 Somogyvamos, Fö u, 38/ Tel. & fax: +36 (085) 540-002 or 340-185/ info@krisnavolgy.hu

Italy (Villa Vrindavan) — Via Scopeti 108, 50026 San Casciano in Val di Pesa (FL)/ Tel. +39 (055) 820054/ Fax: +39 (055) 828470/ isvaripriya@libero.it

Spain (New Vraja Mandala) — (Santa Clara) Brihuega, Guadalajara/ Tel. +34 949 280436

ADDITIONAL RESTAURANTS

Barcelona — Restaurante Govinda, Plaza de la Villa de Madrid 4–5, 08002/ Tel. +34 (93) 318-7729

Copenhagen — Govinda's, Nørre Farimagsgade 82, DK-1364 Kbh K/ Tel. +45 3333 7444

Milan — Govinda's, Via Valpetrosa 5, 20123/ Tel. +39 (02) 862417

Oslo — Krishna's Cuisine, Kirkeveien 59B, 0364/ Tel. +47 (02) 260-6250

Zürich — Govinda Veda-Kultur, Preyergrasse 16, 8001/ Tel. & fax: +41 (01) 251-8859/ info@govinda-shop.ch

CIS (partial list)*

Kiev — 16, Zorany per., 04078/ Tel. +380 (044) 433-8312, or 434-7028 or -5533

Moscow — 8/3, Khoroshevskoye sh. (mail: P.O. Box 69), 125284/ Tel. +7 (095) 255-6711/ Tel. & fax: +7 (095) 945-3317

ASIA (partial list)*

Bangkok, Thailand — Soî3, Tanon Itsarapap, Toonburi/ Tel. +66 (02) 9445346 or (081) 4455401 or (089) 7810623/ swami.bvv.narasimha@pamho.net

Dhaka, Bangladesh — 5 Chandra Mohon Basak St., Banagram,1203/ Tel. +880 (02) 236249/ Fax: (02) 837287/ iskcon_bangladesh@yahoo.com

Hong Kong — 6/F Oceanview Court, 27 Chatham Road South (mail: P.O. Box 98919)/ Tel. +852 (2) 739-6818/ Fax: +852 (2) 724-2186/ iskcon.hong.kong@pamho.net

Jakarta, Indonesia — Yayasan Radha-Govinda, P.O. Box 2694, Jakarta Pusat 10001/ Tel. +62 (021) 489-9646/ matsyads@bogor.wasantara.net.id

Katmandu, Nepal — Budhanilkantha (mail: GPO Box 3520)/ Tel. +977 (01) 373790 or 373786/ Fax: +977

(01) 372976 (Attn: ISKCON)/ iskcon@wlink.com.np
Kuala Lumpur, Malaysia — Lot 9901, Jalan Awan Jawa, Taman Yarl, 58200 Kuala Lumpur/ Tel. +60 (3) 7980-7355/ Fax: +60 (3) 7987-9901/ president@ iskconkl.com
Manila, Philippines — Radha-Madhava Center, #9105 Banuyo St., San Antonio village, Makati City/ Tel. +63 (02) 8963357; Tel. & fax: +63 (02) 8901947/ iskconmanila@yahoo.com
Myitkyina, Myanmar — ISKCON Sri Jagannath Temple, Bogyoke Street, Shansu Taung, Myitkyina, Kachin State/ mahanadi@mptmail.net.mm
Tai Pei City, Taiwan — Ting Zhou Rd. Section 3, No. 192, 4F, Tai Pei City 100/ Tel. +886 (02) 2365-8641/ dayal.nitai.tkg@pamho.net
Tokyo, Japan — Subaru 1F, 4-19-6 Kamitakada, Nakano-ku, Tokyo 164-0002/ Tel. +81 (03) 5343- 9147 or (090) 6544-9284/ Fax: +81 (03) 5343-3812/ damodara@krishna.jp

LATIN AMERICA (partial list)*

Buenos Aires, Argentina — Centro Bhaktivedanta, Andonaegui 2054, Villa Urquiza, CP 1431/ Tel. +54 (01) 523-4232/ Fax: +54 (01) 523-8085/ iskcon-ba@ gopalnet.com
Caracas, Venezuela — Av. Los Proceres (con Calle Marquez del Toro), San Bernardino/ Tel. +58 (212) 550-1818
Guayaquil, Ecuador — 6 de Marzo 226 and V. M. Rendon/ Tel. +593 (04) 308412 or 309420/ Fax: +564 302108/ gurumani@gu.pro.ec
• **Lima, Peru** — Schell 634 Miraflores/ Tel. +51 (014) 444-2871 **Mexico City, Mexico** — Tiburcio Montiel 45, Colonia San Miguel, Chapultepec D.F., 11850/ Tel. +52 (55) 5273-1953/ Fax: +52 (55) 52725944
Rio de Janeiro, Brazil — Rua Vilhena de Morais, 309, Barra da Tijuca, 22793-140/ Tel. +55 (021) 2491-1887/ sergio.carvalho@pobox.com
San Salvador, El Salvador — Calle Chiltiupan #39, Ciudad Merliot, Nueva San Salvador (mail: A.P. 1506)/ Tel. +503 2278-7613/ Fax: +503 2229-1472/ tulasikrishnadas@yahoo.com
São Paulo, Brazil — Rua do Paraiso, 694, 04103-000/Tel. +55 (011) 326-0975/ communicacaomandir@

grupos.com.br
West Coast Demerara, Guyana — Sri Gaura Nitai Ashirvad Mandir, Lot "B," Nauville Flanders (Crane Old Road), West Coast Demerara/ Tel. +592 254 0494/ iskcon.guyana@yahoo.com

AFRICA (partial list)*

Accra, Ghana — Samsam Rd., Off Accra-Nsawam Hwy., Medie, Accra North (mail: P.O. Box 11686)/ Tel. & fax +233 (021) 229988/ srivas_bts@yahoo.co.in
Cape Town, South Africa — 17 St. Andrews Rd., Rondebosch 7700/ Tel. +27 (021) 6861179/ Fax: +27 (021) 686-8233/ cape.town@pamho.net
• **Durban, South Africa** — 50 Bhaktivedanta Swami Circle, Unit 5 (mail: P.O. Box 56003), Chatsworth, 4030/ Tel. +27 (031) 403-3328/ Fax: +27 (031) 403-4429/ iskcon.durban@pamho.net
Johannesburg, South Africa — 7971 Capricorn Ave. (entrance on Nirvana Drive East), Ext. 9, Lenasia (mail: P.O. Box 926, Lenasia 1820)/ Tel. +27 (011) 854-1975 or 7969/ isckconjh@iafrica.com
Lagos, Nigeria — 12, Gani Williams Close, off Osolo Way, Ajao Estate, International Airport Rd. (mail: P.O. Box 8793, Marina)/ Tel. +234 (01) 7744926 or 7928906/ bdds.bts@pamho.net
Mombasa, Kenya — Hare Krishna House, Sauti Ya Kenya and Kisumu Rds. (mail: P.O. Box 82224, Mombasa)/ Tel. +254 (011) 312248
Nairobi, Kenya — Muhuroni Close, off West Nagara Rd. (mail: P.O. Box 28946)/ Tel. +254 (203) 744365/ Fax: +254 (203) 740957/ iskcon_nairobi@yahoo.com
• **Phoenix, Mauritius** — Hare Krishna Land, Pont Fer (mail: P.O. Box 108, Quartre Bornes)/ Tel. +230 696-5804/ Fax: +230 696-8576/ iskcon.hkl@intnet.mu
Port Harcourt, Nigeria — Umuebule 11, 2nd tarred road, Etche (mail: P.O. Box 4429, Trans Amadi)/ Tel. +234 08033215096/ canakyaus@yahoo.com
Pretoria, South Africa — 1189 Church St., Hatfield, 0083 (mail: P.O. Box 14077, Hatfield, 0028)/ Tel. & fax: +27 (12) 342-6216/ iskconpt@global.co.za
RURAL COMMUNITY
Mauritius (ISKCON Vedic Farm) — Hare Krishna Rd., Vrindaban/ Tel. +230 418-3185 or 418-3955/ Fax: +230 418-6470